Repórter no volante

Sylvia Debossan Moretzsohn

Repórter no volante

O papel dos motoristas de jornal na produção da notícia

PubliFolha

Copyright © 2013 Publifolha – Divisão de Publicações da Empresa Folha da Manhã S.A.

Todos os direitos reservados. Nenhuma parte desta obra pode ser reproduzida, arquivada ou transmitida de nenhuma forma ou por nenhum meio sem a permissão expressa e por escrito da Publifolha – Divisão de Publicações da Empresa Folha da Manhã S.A.

EDITOR Alcino Leite Neto
EDITORA-ASSISTENTE Rita Palmeira
COORDENAÇÃO DE PRODUÇÃO GRÁFICA Mariana Metidieri
PRODUÇÃO GRÁFICA Iris Polachini
CAPA Elisa v. Randow
PROJETO GRÁFICO DO MIOLO Mayumi Okuyama
PREPARAÇÃO Marcia Menin
REVISÃO Carmen T. S. Costa

Dados Internacionais de Catalogação na Publicação (CIP)
(Câmara Brasileira do Livro, SP, Brasil)

Moretzsohn, Sylvia Debossan
　Repórter no volante : o papel dos motoristas de jornal na produção da notícia / Sylvia Debossan Moretzsohn. – São Paulo : Três Estrelas, 2013.

ISBN 978-85-7914-424-0

　1. Jornalismo 2. Jornalismo – História 3. Jornalistas – Brasil
4. Motoristas – Reportagens 5. Repórteres I. Título.

13-00022   CDD-070.4

Índice para catálogo sistemático:
1. Repórter no volante : Reportagens : Jornalismo : História   070.4

Este livro segue as regras do Acordo Ortográfico da Língua Portuguesa (1990), em vigor desde 1º de janeiro de 2009.

PUBLIFOLHA

Al. Barão de Limeira, 401, 6º andar
CEP 01202-900, São Paulo, SP
Tel.: (11) 3224-2186/2187/2197
www.publifolha.com.br

Sumário

8 **Introdução**
Saindo da sombra

NO TEMPO EM QUE LUGAR DE REPÓRTER ERA NA RUA

17 O jornalismo em transição

40 Motoristas e jornalistas: histórias de uma relação solidária

REPÓRTERES NO VOLANTE

75 Jorge Toledo: "A diferença está entre o volante e o banco do carro"

81 Francisco Carlos Aleixo: "O motorista é o segundo olho do repórter"

92 Jorge Ulyces Alves: irreverência e companheirismo no comando das "sigilosas"

102 João Batista de Oliveira: "A gente se sente participando da história"

107 Paulo Roberto da Silva: de terno e gravata, saudade dos tempos da "pauleira"

116 Alexander Padilha: a consciência de quem olha atrás do espelho

122 Reginaldo Gomes da Silva: no pagode e no trabalho, integração com a reportagem

129 Eliezer Pontes: as múltiplas habilidades do "professor Pardal"

137 José Moreira de Souza Filho: serenidade mineira nos momentos de tensão

143 Mário Luiz dos Santos Silva: a parceria, apesar do vínculo precário

147 Nilson Provietti: da fábrica de tecidos para o volante, o "tio" sempre alerta

156 Rinaldo Gaudêncio Américo: os olhos de águia do sósia de Obama

162 Eleny Borges Alves: a baixinha pede passagem em nome da notícia

169 Luiz Costa: um ícone do velho *JB*

174 **Conclusão**
Da garagem para a sala

179 **Bibliografia**

180 **Agradecimentos**

183 **Sobre a autora**

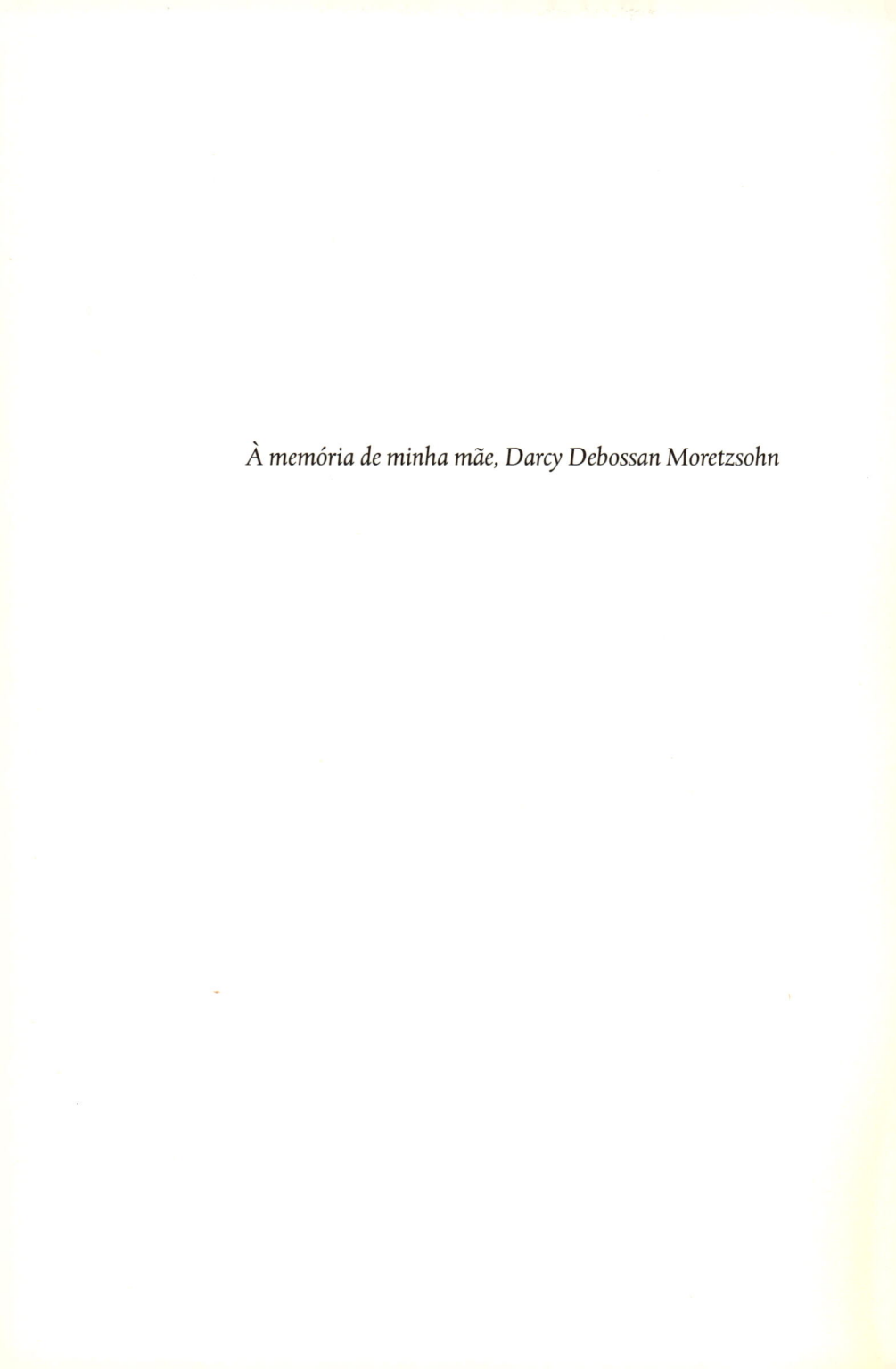

À *memória de minha mãe,* Darcy Debossan Moretzsohn

Introdução

Saindo da sombra

> [...]
> aprendam a olhar atrás do espelho
> onde a história jamais penetra
> a profunda história do não registrado
> aprendam a procurar debaixo da pedra
> a estória do sangue evaporado
> a estória do anônimo desastre
> aprendam a perguntar
> por quem construiu a cidade
> por quem cunhou o dinheiro
> por quem mastigou a pólvora do canhão
> para que as sílabas das leis fossem cuspidas
> sobre as cabeças desses condenados ao silêncio.
>
> AFONSO HENRIQUES NETO, "DOS OLHOS DO NÃO"

Motoristas de jornal sempre foram parte fundamental da produção de reportagens. Apesar disso, parecem condenados ao silêncio: não têm sua importância reconhecida pelo mundo acadêmico, que não os considera objeto de pesquisa, nem por jornalistas que narram suas trajetórias em livros,[1] tampouco

---

[1] Breve exceção é a menção que José Maria Mayrink faz na página 191 de seu *Vida de repórter* a Sebastião Ferreira da Silva, o Ferreirinha, da sucursal do *Jornal do Brasil* em São Paulo. Entretanto, sua afirmação de que são raros os motoristas que "entram no espírito da cobertura e se tornam verdadeiros repórteres auxiliares" contraria frontalmente os relatos deste livro.

pelo público, que ignora – mas provavelmente se interessaria em saber – como são feitas as notícias.

Em geral provenientes das camadas mais pobres da população, conhecedores de todos os cantos da cidade e muito hábeis ao volante, esses profissionais transmitem, antes de tudo, uma sensação de segurança para a equipe de reportagem, que confia neles para chegar mais rápido a seu destino e sabe que será protegida em situações de risco. Mais que isso, porém, os motoristas costumam ir além de suas obrigações elementares e "vestem a camisa" do jornal, revelando-se entusiasmados colaboradores, seja no contato com fontes de difícil acesso a estranhos, seja porque, em consequência do próprio convívio com os repórteres, acabam desenvolvendo uma percepção aguda do que pode virar notícia e, frequentemente, sugerem ou ajudam a dar ideias para novas matérias.

Este livro procura expor a importância do trabalho coletivo no jornalismo e tornar conhecidos personagens que costumam ficar à margem, relegados à sombra. Conta suas histórias, aponta situações em que eles foram decisivos para o sucesso de uma reportagem, mostra como vivem. Além disso, indaga que consequências poderão ter, para o exercício do jornalismo, o atual processo de terceirização do setor de transportes das empresas, como forma de cortar custos, e a progressiva adoção da tecnologia digital na produção da notícia.

No primeiro caso, como se verá, no jornal *O Globo* essa mudança gerou protestos de tal ordem que acabou interrompida a meio caminho: repórteres e fotógrafos se recusavam a sair com motoristas que não eram "do ramo", conheciam mal a cidade e não tinham sensibilidade para as necessidades e as urgências do trabalho jornalístico. Muitas vezes, no entanto, a terceirização é apenas um artifício para redução de custos: o profissional deixa de ter carteira assinada para retornar à empresa como autônomo, mas não rompe a relação orgânica com o restante da equipe. Quanto ao uso da tecnologia digital, uma das consequências mais evidentes é a redução cada vez maior de saídas, de modo que a frase tradicionalmente definidora da profissão – "Lugar de repórter é na rua" – tende a ser coisa do passado.

O primeiro passo para a realização da pesquisa foi encontrar jornalistas que pudessem não só relatar sua experiência com os motoristas, como indicar aqueles que, entre tantos, poderiam contar boas histórias. A partir daí foi possível definir o grupo de motoristas a ser entrevistado, que constituiu o universo mais amplo possível, abrangendo funcionários do antigo *Jornal do Brasil*, do *Globo*, do *Extra*, do *Dia* e da sucursal carioca da *Folha de S.Paulo*: uma parte de aposentados, outra de profissionais na ativa, tanto com carteira assinada como terceirizados.

A intenção inicial era restringir as entrevistas ao pessoal de jornal impresso, mas isso foi revisto após a descoberta da única mulher nesse universo masculino, que trabalhava para o portal G1, e de dois motoristas de rádio – um da CBN, outro da Rádio Globo –, que, pela relevância de suas histórias, não poderiam deixar de fazer parte deste livro. Além disso, foi incorporado, ao final do segundo capítulo, o relevante depoimento de um jornalista de Brasília sobre o papel de um taxista para a veiculação de flashes de reportagem no dia da internação do presidente eleito Tancredo Neves, em 14 de março de 1985.

A pesquisa não se estendeu para o telejornalismo, porém indica a situação especial de quem conduz os carros de reportagem nessa área – normalmente, auxiliares de câmera que têm também a função de dirigir.²

Em geral expansivos, alegres e muito falantes, os motoristas divertiram-se durante as entrevistas, enaltecendo os repórteres que eram "parceiros", criticando os eternamente mal-humorados, que derrubavam pauta. E contaram, empolgados, a própria participação no desenrolar das reportagens. A maneira como se referiam a elas não deixava dúvida sobre o sentido coletivo do trabalho: "a *nossa* matéria". Reconheciam-se nela quando a matéria saía publicada no dia seguinte e também sofriam se levavam furos de reportagem. Não se tratava apenas de identificação com o repórter ou o fotógrafo, que em muitos casos evoluiu para uma relação de amizade, ou de simples entusiasmo que costuma contagiar quem trabalha, literalmente, correndo atrás da informação: a prática diária os levava a desenvolver, de modo intuitivo, a percepção do que poderia ser notícia e, portanto, a sugerir pautas, tomar a iniciativa de tirar fotos, passar flashes para a redação durante uma cobertura ou ajudar na apuração. Daí a definição de um dos entrevistados: "O motorista é o segundo olho do repórter". Às vezes, pode ser até o primeiro

---

2 Essa dupla função ganhou publicidade durante as manifestações de protesto e pesar pela morte do cinegrafista Gelson Domingos, da Band, durante uma operação policial em uma favela na zona oeste do Rio de Janeiro, em 6 de novembro de 2011. O episódio provocou uma série de críticas sobre as condições de segurança para o trabalho de reportagem em confrontos armados, com ênfase na precariedade dos coletes à prova de balas.

olho, como quando alertam os colegas de equipe para fatos que lhes passam despercebidos e que, eventualmente, são notícias exclusivas.

Foram longas conversas, de forma a deixá-los à vontade para falar sobre suas trajetórias e lembrar-se de casos relevantes em suas carreiras. No caso dos aposentados, as entrevistas foram realizadas em suas casas, o que favoreceu o contato informal e permitiu a observação de detalhes de ambiente. No caso dos profissionais na ativa, considerando o ritmo diário de trabalho, os encontros tiveram de ser marcados na empresa, em geral ao fim do expediente. Entre os jornalistas, alguns também falaram pessoalmente sobre suas experiências, outros enviaram seus depoimentos por e-mail. Todas as entrevistas, feitas entre março e agosto de 2011, foram gravadas em áudio, e a maioria, também em vídeo.

Minha experiência como repórter, apesar de relativamente breve e já distante no tempo – foram cerca de nove anos ao longo da década de 1980, sobretudo no *Globo* e no *JB* –, ajudou na familiaridade com o tema. Foi preciso, contudo, um cuidado especial na condução das entrevistas, para evitar prejulgamentos, mas, ao mesmo tempo, não escamotear o papel de entrevistadora que, além de pesquisar sistematicamente a práxis jornalística como professora na área, viveu o cotidiano das redações e mantém contato com alguns profissionais, entre eles alunos e ex-alunos que ingressam no mercado de trabalho.

Este livro, portanto, incorpora o conhecimento teórico sobre o jornalismo, as rotinas de produção da notícia e as transformações pelas quais a profissão vem passando com a utilização da tecnologia digital, além de apresentar depoimentos de jornalistas e motoristas sobre seu trabalho. O segundo aspecto, que é a base da pesquisa, associa as orientações elementares da história oral – um conjunto sistemático, diversificado e articulado de depoimentos gravados em torno de um tema – e das histórias de vida, que refletem a existência de seres humanos concretos em sua prática de trabalho diária.[3]

No entanto, diferentemente do que faz Ecléa Bosi em seu *Memória e sociedade*, que não se preocupa com a veracidade do que dizem os narradores, porque o que lhe interessa é o que foi lembrado e escolhido para perpetuar-se em suas histórias de vida,[4] aqui foi necessário verificar a fidedignidade do relato, confrontando os depoimentos entre si e confirmando determinadas informações com as fontes documentais – as referências a reportagens para as quais os motoristas haviam colaborado decisivamente.

Ao mesmo tempo, procurei não cortar os eventuais excessos das falas dos motoristas ao relatarem seu protagonismo, buscando apenas destacar esse procedimento no momento da redação dos depoimentos, porque entendo que tais excessos corroboram, de maneira exacerbada – mas, por isso mesmo, extremamente significativa –, a forma pela qual esses profis-

---

[3] Cf. Aspásia Camargo, na apresentação do *Manual de história oral*, de Verena Alberti (p. 12), e Marilena Chaui, na apresentação de *Memória e sociedade: lembranças de velhos*, de Ecléa Bosi (p. xxv).

[4] Bosi, Ecléa, op. cit., p. 1.

sionais incorporam o "espírito" do jornalismo e entendem seu papel na produção da notícia.

O livro se divide em duas partes. A primeira traz dois capítulos: um sobre as transformações da prática jornalística diante das novas tecnologias, o que aponta uma série de incógnitas sobre o futuro dessa atividade; o outro sobre as relações entre jornalistas e motoristas, compondo um amplo quadro de colaboração – e eventuais conflitos –, solidariedade e mesmo amizade, refletido nas esticadas depois do fechamento e nas confraternizações em festas, churrascos e botequins. A segunda parte reúne uma seleção de entrevistas com motoristas, nas quais eles expõem sua maneira de encarar o trabalho, suas contribuições para a realização das reportagens e também, frequentemente, suas frustrações pelo não reconhecimento de seu papel como membros de uma equipe.

Os depoimentos reunidos aqui são reveladores de aspectos ignorados ou subestimados do processo de produção de notícias. Podem ajudar a ampliar as perspectivas para o campo dos estudos de jornalismo voltados para as ainda raras pesquisas empíricas. O público em geral terá a oportunidade de se aproximar de um universo que desconhece e de saborear histórias dos bastidores dos jornais. E os motoristas, normalmente muito críticos a respeito do reconhecimento de seu papel, hoje restrito a algumas manifestações dentro das redações, podem começar a vê-lo ampliado. Afinal, se o repórter fez a excelente matéria, se o fotógrafo tirou a foto notável, se ambos ganharam prêmio, quem os conduziu?

No tempo em que lugar de repórter era na rua

O jornalismo em transição

Falar do papel dos motoristas de jornal na produção de reportagens é também falar do passado e de um presente em radical transformação. Muita coisa mudou desde a época da máquina de escrever, quando o repórter precisava chegar correndo à redação para datilografar a matéria ou tinha de arrumar um meio de transmiti-la por telefone ou telex, e da máquina fotográfica analógica, quando o fotógrafo necessitava revelar o filme e, em viagens, improvisava um laboratório no banheiro do quarto de hotel para preparar a química e depois enviar a foto.

É desse tempo a frase que define a rua como o lugar do repórter, aquele que está sempre em busca da notícia, em mangas de camisa, cabelos ao vento, inteiramente dedicado ao esforço de informar o que acontece. A propósito, o comentário em que Cláudio Abramo, em *A regra do jogo*, critica o ensino excessivamente teórico dos cursos universitários de jornalismo de sua época e enfatiza a necessidade da experiência prática aplica-se muito bem aqui: "É preciso que [o jornalista] saiba das coisas e as tenha visto. É preciso andar na rua e saber que ela é feita de paralelepípedos. Não adianta apenas ler a respeito: é necessário pisar aquele chão, sofrer o sol, saber ver nos rostos da multidão o que é uma pessoa e o que é outra".[5]

Tudo isso foi antes da internet.

---

5 Abramo, Cláudio. *A regra do jogo*, p. 113.

Que não se pense, porém, que se estão depreciando as novas tecnologias ou fazendo uma evocação nostálgica daqueles velhos tempos, que só nos parecem bons quando já distantes de nós. É uma constatação: hoje, o jornalista vai à rua muito menos do que antes.

De fato, diante das possibilidades oferecidas pela tecnologia digital, a forma de fazer jornalismo vem se transformando radicalmente. No caso dos jornais impressos, à parte quaisquer considerações sobre a participação do público na produção da notícia, enviando textos e imagens que exigem um acurado trabalho de filtragem – tão mais difícil quanto mais reduzido é o número de profissionais em uma redação –, a maneira pela qual essa tecnologia está sendo utilizada tem produzido uma situação aparentemente contraditória ou, pelo menos, ambígua.

De um lado, proporciona maior mobilidade ao repórter, que pode transmitir a informação de qualquer lugar onde esteja; de outro, tende a prendê-lo à redação, diante da possibilidade de obter dados pela internet ou pelos incontáveis aplicativos para celular. A figura do "jornalista sentado", explorada em alguns estudos acadêmicos recentes, não se restringe, portanto, ao jornalista que produz o noticiário on-line, mesmo porque, ao menos nas grandes empresas, a distinção entre impresso e internet vem se desfazendo com a tendência à integração dos sistemas de publicação.

Consequência lógica de tal processo é o notável enxugamento das redações, que resulta também da igualmente notável queda na concorrência. O caso do *Globo* é exemplar, por ser o carro-chefe da maior empresa de comunicação do Rio de

Janeiro e uma das maiores do país: é um raro sobrevivente do período áureo da imprensa carioca[6] e, na década de 1980, reunia 82 profissionais só na editoria "Rio", que cuida do cotidiano da cidade. Em 2011, eles eram menos de 30.[7]

"Eu acho que o primeiro problema foi a redução de pessoas", diz Jorge Antônio Barros, 49 anos, trinta de profissão, editor-adjunto de "Rio" desde 1998. "Com certeza, a reportagem que a gente pode chamar de presencial, o repórter que vai ao local, que ouve as pessoas, que vê com seus próprios olhos o que está acontecendo, isso diminui cada vez mais. Cada vez mais os meios de apuração são o telefone, o e-mail, o chat. É um sistema que foi se construindo ao longo do tempo."

Com 25 anos de experiência no mesmo jornal, Solange Duart, atualmente redatora da secretaria de redação, reitera: "Tem gente que só conhece as fontes por telefone. Antigamente

---

6 Na década de 1950, o Rio de Janeiro contava com dezoito jornais diários de informação geral, dos quais pelo menos doze tinham grande expressão, seja pela influência política, seja pela popularidade: *Correio da Manhã, Jornal do Brasil, O Globo, Última Hora, Jornal do Commercio, Diário de Notícias, Tribuna da Imprensa, O Jornal, Diário Carioca, Diário da Noite, O Dia* e *A Notícia* (dados do *Anuário Brasileiro de Imprensa*, 1950-1957, citado por Ribeiro, 2006). Seis décadas depois, restam três: *O Globo, Extra* (ambos do mesmo grupo empresarial) e *O Dia*. Os demais são voltados para públicos específicos: de esporte (*Lance!*), economia (*Valor Econômico, Brasil Econômico*) e os popularescos *Meia Hora* e *Expresso*.

7 Os números dizem respeito à editoria "Rio" e a esse período de trinta anos, mas há uma ressalva importante a fazer quando se fala em enxugamento da redação de modo geral: pelo menos no caso do *Globo*, desde o ano 2000, com os novos produtos e frentes de trabalho surgidos com a internet, a redação cresceu dos então cerca de 350 profissionais para os atuais 400.

não era assim. Não é saudosismo, não. Eu acho que a gente tem de se adaptar ao que existe, a gente deve aproveitar a tecnologia, mas não pode esquecer tudo o que havia de bom antes. Precisa chegar a um meio-termo. Acho que o jornalismo em geral está perdendo muito, e os jornais precisam repensar isso, não só O *Globo*, mas todos".

A nova rotina acomoda o repórter, que tende a não sair da redação. Jorge argumenta: "Eu não tenho nada contra o telefone, acho mesmo que em certas situações é uma forma mais eficaz de apuração, mas na cobertura factual a presença do repórter é fundamental. E acontece várias vezes: duas horas depois de receber a pauta, o repórter ainda está aqui, tentando apurar por telefone, checando na internet... O repórter perdeu um pouco essa visão da importância de estar lá, no local do acontecimento, se ele pode apurar de outra maneira".

Assim se perde, por exemplo, a capacidade de descrever cenas. "Fica a preocupação com o que é que disse fulano, um uso exagerado de aspas... Eu me ressinto muito nas matérias da falta da descrição do ambiente, da descrição de como a pessoa estava vestida, como se comportava. Porque, como o repórter está no telefone, como é que ele vai fazer? Ver, ver, ver, ser testemunha ocular da história continua a ser o principal meio de apuração das pautas factuais", completa Jorge.

Editor-executivo do *Globo*, quarenta anos de carreira, Orivaldo Perin lembra-se de uma frase do tempo em que começou na profissão, no antigo *Jornal do Brasil*, e que se relaciona perfeitamente à observação de seu colega: "O leitor percebe quando você trabalhou pra fazer a matéria". E, afirma ele, cada vez há menos matérias que trazem nas entrelinhas o suor do repórter.

Nos tempos anteriores à internet, eram comuns as "pautas livres", aquelas em que o repórter saía ao léu para buscar alguma coisa interessante, que fizesse a diferença na edição do dia seguinte. "Eu cansei de fazer isso", diz Perin. "Mas acabou. Hoje, você fica esperando na redação. Tem um site aqui que ajuda o repórter, você tem uma pauta, uma demanda, e o site trata de correr atrás pra você. Preciso de um personagem, aparece o personagem. É um conforto para o repórter, não vou dizer que não, mas meio que pasteuriza tudo, né?"

Envolvido na discussão sobre as perspectivas do jornal diante das múltiplas possibilidades que a tecnologia digital oferece, Perin evita exercícios de futurologia – mesmo porque, segundo ele, ninguém, nas grandes empresas jornalísticas, sabe o caminho a seguir nesta recém-inaugurada era da convergência de mídias –, mas sugere que a tendência é decair progressivamente a necessidade de deslocamento do repórter. "Vai se deslocar para um incêndio, para fatos não previsíveis, que são 10%, 15% da atividade de uma redação, se tanto. No que você 'internetiza' o dia a dia de um jornal, pra que você vai pra rua?"

Se assim é, naturalmente os jornais tendem a eliminar ou, pelo menos, a reduzir ao mínimo indispensável seu quadro de motoristas, o que é mais um aspecto da mudança estrutural por que vêm passando as redações nas últimas décadas.

A TELEFONISTA DO *JB* E OS JIPES AZUIS DA *UH*

Editor-chefe do *Jornal do Brasil* na época em que o diário ganhou notoriedade após a famosa reforma gráfica – e não só – do fim dos anos 1950, Alberto Dines considera que analisar o papel dos motoristas no trabalho de reportagem é uma forma de preservar um aspecto da história do jornalismo que não é levado em conta. Ele pensa, porém, que essa é a ponta de um iceberg que implica uma avaliação sobre as mudanças de orientação das organizações de imprensa.

No passado, segundo Dines, a empresa era marcada pelo espírito jornalístico, que permeava os vários setores de atividade além da redação propriamente dita. "Eu me lembro perfeitamente. No *JB* havia uma telefonista que volta e meia abria a porta da cabine, com as mãos nas cadeiras, e berrava: 'Ô, fulano, atende o telefone aí!'. Porque a redação estava impregnada desse espírito, e ela sabia que de alguma forma contribuía para o jornal do dia seguinte."

O pessoal da oficina também era essencial no tempo em que o jornal era impresso a chumbo quente. "O *JB* era estritamente diagramado, não era improvisado, mas às vezes precisava de alguma providência de última hora e estava lá o chefe da oficina dando uma sugestão rápida. Então tem toda uma série de coisas que está ligada à manufatura do jornal, e o trabalhador, que não era propriamente o jornalista intelectual, sentia prazer em produzir, aquilo enchia a vida dele."

Já os motoristas se sentiam parte mais ativa do processo de apuração. "Eu me lembro dos motoristas e dos jipes da *Última*

Hora, trabalhei lá em 1959. O jornal era na Praça da Bandeira, na Sotero dos Reis, que sofria com os alagamentos, como acontece até hoje. E eles eram heróis, heróis inclusive para enfrentar as inundações, com jipes que não eram muito flexíveis, mas eram bons nas ladeiras. Eram realmente grandes auxiliares dos repórteres, para vencer dificuldades, subir em terrenos inacessíveis, chegar mais rápido ao local da reportagem e também voltar a tempo ao jornal, porque naquela época não havia celular, os meios de comunicação eram muito mais precários. Em suma, um bom repórter precisava, para realizar sua missão, de um bom motorista", conta Dines.

Na esteira da euforia do pós-guerra, a década de 1950 foi de intensa mobilização política. A *Última Hora* surgiu nesse contexto e se tornou referência por suas características peculiares. O jornal foi fundado em junho de 1951 por Samuel Wainer, na contramão ideológica dos concorrentes, com o objetivo de apoiar Getúlio Vargas, recém-eleito com amplo apoio popular para o que seria seu último mandato presidencial. Vistos com as devidas ressalvas, dada a tendência à idealização de sua história, os livros publicados sobre o jornal – a começar pela própria autobiografia de Wainer – o apresentam como um marco de inovação da imprensa brasileira em vários sentidos, entre eles o da profissionalização da redação, o que incluía o cuidado com a frota de carros de reportagem.

José Pinheiro Jr. começou ali sua carreira, no ano seguinte ao do suicídio de Getúlio, ocorrido em 1954. Tornou-se mais tarde chefe de reportagem e diretor da redação. Ele diz que foi possivelmente na transição dos anos 1940 para os 1950 que os jornais sentiram a necessidade de se movimentar com mais desenvoltura através da cidade, que crescia, ao mesmo tempo que a competição jornalística exigia mais rapidez no acesso ao local da notícia. "Quando cheguei à *Última Hora*, instalada ainda na Praça Onze, encontrei uma frota de umas oito caminhonetes Renault. Eram carros que serviam à reportagem, mas, em horas precisas da madrugada e no fim da manhã – pois o jornal era matutino-vespertino e tirava duas edições por dia –, ficavam ocupados com a distribuição dos exemplares diretamente nas bancas. Então, os motoristas serviam a repórteres e distribuidores."

Esse cenário mudaria em meados da década de 1950, com o aparecimento de empresas dedicadas especificamente à distribuição, como a de Fernando Chinaglia. Então, os carros da *UH* passaram a ser de serviço exclusivo da reportagem. "Eram cerca de dez jipes Willys azuis, nacionais, novinhos, atendendo rapidamente os repórteres", recorda Pinheiro Jr., que também começou a observar, nessa época, maior participação dos motoristas nas equipes. "Alguns se intitulavam 'motorista de reportagem' para justificar a presença em locais onde era preciso permanecer por mais tempo. E se dedicavam tanto e com tal orgulho à tarefa de servir aos repórteres que chegavam a ficar de plantão, sentados ao lado da chefia de reportagem, principalmente à noite ou de madrugada."

Daqueles tempos para cá, o que inclui a longa ditadura militar (1964-1985), a instituição da censura prévia durante os piores anos de repressão e o estrangulamento de várias publicações, a imprensa viveu um processo contínuo de concentração e reestruturação, que teve como referência o Projeto Folha, de 1984, com sua opção por "administrar a redação como uma empresa industrial moderna", passando a encarar "notícias e ideias como mercadorias a serem tratadas com rigor técnico". Não importam aqui as críticas que esse projeto mereceu, nos meios profissional e acadêmico, mas o fato de que ele serviu de modelo a vários outros grandes jornais.

Na virada dos anos 1980 para os 1990, houve mudanças estruturais nas grandes redações, tanto do ponto de vista da tecnologia como do da própria organização interna. Alberto Dines considera que essa nova caracterização empresarial deixou para trás o velho espírito que orientava o trabalho jornalístico. Foi quando teve início o processo de terceirização, que ao final do século atingiria o setor de transporte voltado para a reportagem, sugerindo uma perda de vínculo do motorista com o restante da equipe.

Essa perda, de fato, foi relativa, dependendo da maneira como se dava a terceirização. No Rio de Janeiro, as duas grandes organizações jornalísticas que sobreviveram à virada do século trataram esse processo de maneira distinta no setor de reportagem.

Em ambas, no entanto, a terceirização começou no setor de distribuição, na década de 1990: *O Dia* acabou com a TransDia, que não apenas atendia o jornal, mas prestava serviço de transporte de carga para empresas dos mais variados ramos de atividade, e *O Globo* se desfez de sua frota de caminhões. Nos dois jornais, o processo de admissão de motoristas começava, em geral, por essa área de distribuição. Além disso, pelo menos no caso de *O Dia*, o motorista da redação eventualmente precisava estender sua jornada pela madrugada, caso algum funcionário do setor de carga faltasse.

A PERDA DOS "ANJOS DA GUARDA"

Fundado em 1951 pelo então deputado Chagas Freitas, que nos anos 1970 dominaria a política carioca e fluminense como governador da Guanabara e, após a fusão dos dois Estados, do Rio de Janeiro, *O Dia* manteve durante todo esse período uma linha voltada para a exploração de temas de apelo popular – crime, sexo, futebol – e investia em reportagens e articulistas que serviam ao clientelismo de seu proprietário.

Em 1983, foi comprado pelo empresário Ary de Carvalho e passou, depois, por uma radical reforma, com o objetivo de concorrer com os dois periódicos de referência da cidade: *Jornal do Brasil*, ainda antes do longo processo de decadência que o levaria a decretar o fim da circulação impressa em 2010, e *O Globo*. Após a morte de Carvalho, em 2003, o jornal sofreu uma série de flutuações até ser vendido, em abril de 2010, para a Ejesa (Empresa Jornalística Econômico S.A.), que entrou no mercado brasileiro lançando o *Brasil Econômico* e assumiu as publicações já existentes – *O Dia* e o popularesco *Meia Hora*.

A Ejesa chegou a ser investigada pelo Ministério Público de São Paulo, com base em denúncias da Associação Nacional de Jornais (ANJ) e da Associação Brasileira de Emissoras de Rádio e Televisão (Abert), porque estaria ferindo a legislação brasileira, que impede a participação de estrangeiros além de 30% no capital de empresas de comunicação no país. A suspeita tinha fundamento: o grupo português Ongoing detém 29,9% de participação da Ejesa e o restante está nas mãos de uma brasileira casada com o empresário controlador do Ongoing. A investigação foi arquivada por falta de provas, mas na sede do jornal todos se referem aos portugueses como os novos patrões. Foi com essa mais recente mudança de direção que o jornal trocou de sede, abandonando o velho prédio da rua do Riachuelo para ocupar três andares de uma das duas reluzentes torres de vidro espelhado azul do Centro de Convenções Sul América, na Cidade Nova, no Rio.

Muito antes disso, em 1999, *O Dia* já chamara seus motoristas para avisá-los de que seriam desligados da empresa, mas poderiam continuar como autônomos, com veículo próprio. O jornal se desfez de sua frota – de Gols de duas portas – e a ofereceu prioritariamente aos motoristas da casa. Muitos deles compraram seu carro assim. A maioria permaneceu como prestador de serviços, de modo que não se quebrou o vínculo já existente com a redação, embora tenha sido criada uma estratificação entre os motoristas: alguns abriram empresas de prestação de serviços, às quais os colegas ficaram subordinados.

Hoje, a única exigência da organização, segundo o supervisor de transporte e logística Eldon Paiva, é que os carros tenham quatro portas, ar-condicionado e seguro especial para terceiros. No início, quase todos os carros eram Gol. Atualmente, há desde Corsa até Corolla. "Temos Polo, Logan,

Honda Civic... Hoje cada motorista visa ao que é melhor para o negócio dele", informa Eldon. São quinze carros fixos, nove extras – que substituem alguma falta ou são mobilizados para situações imprevistas – e alguns "reservas", que atendem basicamente as áreas jurídica e de marketing.

Em caso de acidente, diz o supervisor, a empresa garante o ressarcimento do motorista, desde que ele comprove que estava em serviço e apresente uma tomada de preços compatível com o que se pratica no mercado. Sob a mesma condição, as multas também são pagas.

Como proprietários de seus veículos, os motoristas poderiam falhar nos casos de pautas sobre catástrofes naturais ou que exijam a entrada em áreas de risco. Entretanto, Paulo Roberto da Silva, que, depois de 25 anos de experiência em reportagem – primeiro no *JB*, depois no *Dia* –, passou a atender a diretoria, garante que não é assim. "A gente pensa nisso, mas, na hora, tá aquela correria, ninguém quer ficar por último, você esquece que o carro é seu, aí depois que escangalha é que você diz: 'Pô, não podia ter feito isso'. Mas na hora... Jornal é assim."

No início da terceirização, as coisas foram problemáticas. "Já houve caso de motorista que largou a equipe no morro", lembra Eldon.

A jornalista Paula Máiran, que trabalhou na empresa durante os anos 1990 e presenciou o começo desse processo, quando alguns dos motoristas vinham do setor de carga e não tinham experiência em redação, testemunhou um fato inacreditável: um motorista que nunca tinha visto o mar. "Eu fiquei muito espantada, me lembro do deslumbramento dele quando ele foi pela primeira vez a Copacabana. Que ele não sabia onde ficava! Como podia trabalhar em reportagem no Rio de Janeiro se nunca tinha visto o mar?", ela conta.

No Infoglobo, que edita *O Globo*, o *Extra* e o *Expresso*, ocorreram casos semelhantes, porém a situação chegou a ser traumática. Em fevereiro de 2006, 16 motoristas do quadro de 29 foram dispensados, no início de um processo previsto para ser concluído um ano e meio depois. A notícia causou comoção: os demitidos desceram até o bar que funciona no térreo do jornal, fotógrafos e repórteres foram encontrá-los, abraçaram-se a eles, choraram.

A reação mais pungente e vigorosa partiu do fotógrafo Domingos Peixoto, que disparou um e-mail para a redação dizendo que aquele era o dia mais triste de sua vida, porque havia perdido seus anjos da guarda.

E contava algumas histórias de parceria entre motorista, repórter e fotógrafo, dos prêmios que já havia ganho por causa da contribuição do motorista, dos riscos que correram juntos, da velha relação que agora se rompia. "Esse e-mail deu uma repercussão enorme, foi emocionante, as pessoas responderam... E eu acho que isso ajudou um pouco a segurarem a onda, porque não demitiram mais."

O trauma, no entanto, não foi só no momento do choque com a notícia da demissão em massa: estendeu-se por meses seguidos, diante da falta de capacitação dos motoristas terceirizados. Porque foi uma terceirização da terceirização: a locadora contratada para fornecer os substitutos buscou outra empresa para esse serviço. Foi um desastre. "Eu trabalhei com motoristas que não sabiam dirigir", lembra Domingos. "Que não sabiam dirigir!", enfatiza, ainda perplexo, tantos anos depois, como se revivesse aqueles dias.

A situação provocou cenas que parecem piada, como a protagonizada por um antigo repórter que, ao saber que o motorista com o qual ia sair seria um daqueles novatos, travou com ele um diálogo absurdo: "'Você sabe onde é a rua Senador Dantas?' 'Não.' 'Sabe onde é a rua da Assembleia?' 'Não.' 'Sabe onde fica a rua Irineu Marinho?' 'Não'". Então, telefonou para o chefe de reportagem e avisou: "Não vou sair com esse cara, ele não sabe nem onde fica a rua do jornal onde ele trabalha!".

Perder pauta, entretanto, não tem graça nenhuma, e muitas se perderam por causa do despreparo desses motoristas. Repórteres e fotógrafos da editoria "Rio", a mais afetada – porque é a que mais necessita de saídas para matérias urgentes –, passaram a se recusar a trabalhar com os terceirizados. Havia riscos maiores. "Teve motorista que saiu pra buscar repórter na Pavuna [subúrbio a cerca de trinta quilômetros do centro do Rio] e parou dentro da favela", diz Solange Duart. "Foi o primeiro dia de trabalho dele aqui. De madrugada, eu pedi que fosse buscar a repórter, ele falou que sabia onde era e foi. Demorou, não chegava à casa da repórter. O que aconteceu? O pessoal [os traficantes] tinha pegado ele e até que explicasse a situação, que errou o caminho e tal, foi um negócio meio complicado. Mas ele sobreviveu, no dia seguinte veio trabalhar e teve a humildade de perguntar o caminho certo."

Diante desse caos, a direção do jornal foi obrigada a rever o contrato, e a Hertz assumiu a tarefa de cuidar diretamente dessa mão de obra. Vieram outros motoristas, alguns com grande experiência no trânsito da cidade, e a situação melhorou. Contudo, o problema estrutural permanece: antes de mais nada, pela própria diferença salarial entre esses motoristas e os da casa, que não só ganham um piso maior (em 2011, cerca de R$ 1.200, em comparação a R$ 880 dos terceirizados), como recebem sessenta horas extras fixas mensais, o que lhes eleva significativamente a remuneração. Além disso – aliás, por isso mesmo –, o vínculo dos terceirizados com a empresa é sempre precário, porque, mesmo que se identifiquem com o trabalho jornalístico, vivem na expectativa de obter um emprego melhor.

Ainda assim, alguns deles incorporam o velho "espírito do jornalismo" e abraçam a aventura da reportagem. Mas essas histórias ficam para as páginas seguintes.

O coordenador de serviços administrativos e de transporte do Infoglobo, José Carlos Albano da Costa, conta que no início dos anos 1990 o jornal começou a se desfazer da frota própria para reportagem, optando pelo aluguel de carros, porém mantendo os motoristas no quadro de funcionários. Reconheceu que a terceirização de mão de obra inicialmente não tinha dado certo e por isso houve mudança de rumo, inclusive na perspectiva original da terceirização total. "Viu-se que era preciso manter uma equipe para matérias de urgência, para haver aquela integração entre repórter, fotógrafo e motorista." Apesar do descontentamento manifestado pelos terceirizados, ele aposta no que chama de "lapidação" do profissional, que começa a trabalhar no "Jornal de Bairros"[8] e mais tarde pode ser incorporado ao trabalho da editoria "Rio", desde que demonstre aptidão para o serviço jornalístico.

Em 2011, a empresa contava, segundo José Carlos, com 29 carros para reportagem: 3 Astras blindados e 26 Gols. São 11 motoristas da casa, que servem à reportagem geral do *Globo* e do *Extra*, e 18 terceirizados, a maioria a serviço do "Jornal de Bairros" e de outras editorias que têm pautas programadas, com mínima hipótese de surpresa ou exposição a risco. Há também os motoristas autônomos da Ratinho Transportes, que presta serviços ao jornal desde a década de 1980, mas esses raramente atendem à reportagem.

UM PAINEL DAS TRANSFORMAÇÕES DA CIDADE

A trajetória que vai do jipe ao carro blindado percorre as mudanças por que passou o Rio de Janeiro nos últimos sessenta anos. Mais uma vez, não se trata de evocar os bons velhos tempos de uma cidade mais tranquila, na qual conviviam harmoniosamente a Copacabana princesinha do mar e a favela dos meus amores, não só porque essa era a mesma cidade cujas carências elementares um famoso samba da

---

[8] Trata-se da editoria voltada para os suplementos semanais que publicam reportagens sobre os bairros do Rio de Janeiro (da zona sul, da zona norte etc.), municípios vizinhos (Niterói, São Gonçalo) ou conjuntos de municípios (Baixada, Serra, Norte Fluminense).

década de 1950 ironizou – "cidade que nos seduz, de dia falta água, de noite falta luz" –, mas porque o jornalismo daquela época era marcadamente feito de ofensas pessoais, difamações e denúncias sem nenhuma comprovação, na melhor tradição dos "insultos impressos" que a historiadora Isabel Lustosa recolheu em sua pesquisa sobre a imprensa brasileira no período da Independência[9]. E, no caso do jornalismo policial, havia a promiscuidade do repórter dublê de detetive, que andava armado e participava ativamente das operações de caça e eliminação de bandidos famosos, como Mineirinho e Cara de Cavalo.

Com o devido cuidado de fugir às idealizações, são inegáveis o crescimento e a radicalização da criminalidade violenta, especialmente nas favelas, a partir da década de 1990, com a entrada de munição pesada. "Era um Rio introduzido numa rotina de violência, e os editores do *Jornal do Brasil*, quando eu entrei [em 1992], torciam o nariz, havia uma resistência enorme a se pautar isso, até que se tornou inevitável. Era uma rotina diária cobrir os tiroteios nas favelas", recorda Paula Máiran.

Isso implicava uma correria de todos os jornais pela cidade, atrás de carros de polícia para transferências de presos ou operações contra traficantes ou sequestradores. No *Globo*, era uma ordem. "O jornal obrigava a correr. Se você perdesse a matéria, a culpa era sua. E você podia perder o emprego", relata Solange Duart.

---

9 Ver: Lustosa, Isabel. *Insultos impressos: a guerra dos jornalistas na Independência (1821-1823)*. São Paulo: Companhia das Letras, 2000.

Curiosamente, hoje a ordem é inversa: cumprir estritamente as leis do trânsito, não avançar sinal, não estacionar sobre a calçada... Tem a ver com acidentes ocorridos antes, mas também com a campanha que o jornal lançou sobre o "ilegal, e daí?", estimulando os leitores a denunciar todo tipo de incivilidade. Se ele próprio as cometesse, como se justificar perante seu público? (A justificativa não seria difícil, só que logicamente afetaria as bases da campanha, porque seria necessário explicar as particularidades do exercício do jornalismo, e esse questionamento não faz parte do ideário da empresa.)

Nos anos de "correria", entretanto, a relação com a chamada "bandidagem" era mais tranquila. "Antes a gente subia o morro e o traficante chamava a gente de 'senhora'", recorda Solange. "Mesmo com a metade da idade que eu tenho hoje [51 anos em 2011], eu era senhora. Ajudavam a passar no valão, davam informações da comunidade... Quando eu conheci o Uê [um dos mais famosos traficantes do Rio na década de 1990, morto aos 33 anos, em 2002], ele tinha 16 anos, me ajudou a circular pelo morro, porque só tinha valão, e ia mostrando os problemas da comunidade, sem arma nenhuma. Explicando tudo. Ao longo da conversa é que eu fui vendo quem ele era."

Mesmo com a intensificação dos conflitos, a situação para a imprensa era diferente da atual. "Eles respeitavam a gente. Já peguei tiroteios no São Carlos [morro vizinho ao bairro do Estácio, na região central], por exemplo, em que a imprensa entrava e saía com a polícia, e eles sabiam que a imprensa estava atrás. Então, raramente o repórter era alvo. Agora a gente é alvo de todo jeito, não tem mais essa diferença."

Hoje seria impensável a cena que Jorge Antônio Barros presenciou em seu início de carreira, quando foi entrevistar um traficante na favela do Rebu [no bairro de Padre Miguel], o Serginho da Ivete, ex-assaltante de banco incurso na Lei de Segurança Nacional – naquela época, qualquer assalto a banco ganhava essa dimensão de ataque ao governo, por causa da repressão aos grupos armados que combatiam a ditadura. "Ivete era a mãe dele, bandidona, era barra-pesada mesmo", conta Jorge, "mas o Serginho era uma dama. Ele comandava o tráfico no conjunto habitacional ali, foi conversar com a gente num daqueles apartamentos, armado com revólver calibre 38. Foi muito receptivo, ofereceu cerveja. Eu disse 'Não, obrigado', mas o motorista aceitou e Serginho ficou tomando cerveja com o 38 dele na cintura e até se deixou fotografar assim. É uma história que mostra o clima de intimidade do motorista com a equipe e como era diferente a relação com os traficantes na época".

A tensão diante da necessidade de subir o morro já rendeu situações cômicas, das quais só se pode rir depois que passa o susto. Atual editora-executiva do *Extra*, Denise Ribeiro fez carreira como repórter de polícia e conta dois desses casos. Uma vez, quando trabalhava no *Jornal do Brasil*, no final dos anos 1990, foi fazer uma reportagem em Santa Teresa, sobre um assunto que nada tinha a ver com tráfico de drogas.

O motorista errou o caminho, entrou em uma ruela e caiu na favela do Fallet. "Ele ficou apavorado e tentou dar ré numa ladeira gigantesca. Claro que não conseguiu, mas chamou a atenção dos caras armados lá embaixo. Aí a gente falou [*ela sussurra*]: 'Vamos, vamos, vamos descer, vamos falar com os caras'... Descemos, os caras botaram a arma assim e falaram: 'Tá pensando o quê, que a gente é bandido, que vai matar vocês?'. Eu falei: 'Não, não, ele é que se apavorou', e o motorista, morrendo de medo, tirou o pé do freio e foi descendo igual a um louco. Mais abaixo tinha dois caras com fuzil. Eles gritaram: 'Cuidado aí, porra, tá cheio de criança na rua!'. Ainda tomamos lição de moral."

Outro episódio ocorreu no início da carreira, quando Denise trabalhava no pequeno *O Fluminense*, de Niterói, e foi a um morro do Rio fazer uma matéria sobre o deslizamento de uma pedra. Ela chegou depois que toda a imprensa já havia saído. "Foi tudo tranquilo, mas, na hora em que a gente desceu, alguém falou assim: 'Eu sou Flamengo, não sou Fluminense'..." Era pura provocação, porém o motorista, morrendo de medo, teve uma dor de barriga daquelas e precisou parar em um bar na descida do morro. Hoje, Denise conta essas histórias achando graça, mas logo reassume o tom sério: "Óbvio que depois da morte do Tim Lopes a gente passou a ter muito mais cuidado pra entrar e sair de uma comunidade".

O caso Tim Lopes, todos concordam, é um divisor de águas. Repórter da TV Globo que, desde os tempos em que atuava no jornalismo impresso, se notabilizara pela prática do disfarce – de mendigo, peão de obra, doente mental –

para a apuração de suas matérias, ele ficou famoso em 2001 ao receber o prêmio Esso por reportagem sobre o "feirão das drogas", documentado com câmera oculta. No ano seguinte, foi atrás de uma denúncia de exploração sexual de menores em bailes funk no morro do Cruzeiro, no Complexo do Alemão, e acabou capturado, torturado e morto por traficantes do local.

O episódio, nunca suficientemente discutido em sua essência – a validade da apuração por câmera oculta, o risco que o disfarce oferece a quem exerce o jornalismo –, levou as empresas, a começar pela própria TV Globo, a repensar seu comportamento na cobertura policial. Elas passaram a dar treinamento aos repórteres que enfrentam situações de risco, além de providenciarem coletes à prova de balas e carros blindados. Proteção precária, porém, porque o colete e a blindagem não seguram tiros de fuzil.

De todo modo, as pautas sobre a violência na cidade se tornaram mais seletivas. "A chefia, quando vai mandar uma equipe pra rua, tem de pensar nisso também", diz Solange. "Parte da responsabilidade é da gente, que fica aqui e manda ir. É lógico que a equipe tem de ver no local se dá pra fazer ou não. Mas nem toda equipe tem bom-senso e até 'coragem' de chegar pra chefia e dizer que não deu. Tem gente que se arrisca mais do que deveria, então o chefe de reportagem precisa ter essa noção. No tempo em que eu fiquei na chefia não mandei ninguém ir pra onde eu não iria. Você não pode se arriscar mais do que deveria pra trazer uma matéria."

Atual produtor do *Fantástico*, da TV Globo, e ex-repórter de polícia de larga experiência em jornais populares e no *Jornal do Brasil*, Marcelo Ahmed, 47 anos, relata que há a mesma preocupação na emissora. "Precisa ter muita perspicácia, você tem de saber o lugar onde vai entrar. O Rio de Janeiro tá peneirado de locais de risco, às vezes há um lugar onde a própria empresa ou a imprensa, de modo geral, não são bem-vindas. Tem motoristas que são mais ligados nisso. E tem situações em que, com determinados motoristas, eu não faço. Não tenho confiança, então não vou."

Ahmed diz que, especialmente na Globo, em razão do caso Tim Lopes, estabeleceu-se uma série de normas. "Aqui a gente é proibido de fazer várias coisas. É proibido de subir morro. Se não tiver avaliação de segurança, não sobe. E, se subir, é repreendido. Aqui há um estímulo pra você tomar precauções. Existem equipamentos de segurança, colete, nós temos um corpo de segurança que avalia os riscos dos locais. Em todo trabalho de investigação existe um risco, mas tem que ser um risco supercalculado. Se esse risco representar um perigo real, é o caso de avaliar se vale a pena seguir adiante ou abortar."

Nada disso impediu, porém, o drama da equipe de reportagem de *O Dia* na favela do Batam, no bairro de Realengo, em 2008, quando foram infiltrados uma repórter, um fotógrafo e um motorista, como se fossem moradores, para "viver" o cotidiano local e denunciar a ação da milícia que agia ali. Os três foram capturados, torturados e por pouco não tiveram o mesmo destino de Tim Lopes. Precisaram refugiar-se fora do Rio e ficaram com sequelas psicológicas que talvez durem para sempre.

Além do risco evidente que iniciativas desse tipo carregam – sem contar, mais uma vez, a ausência de uma reflexão sobre o que significa fazer jornalismo dessa maneira[10] –, o caso da favela do Batam expõe um lado negativo da contribuição do motorista para a reportagem: ele morava lá, havia sido expulso por traficantes e seus pais ainda residiam no local. Só isso já desautorizaria, preliminarmente, a escolha daquela área – ou, pelo menos, a participação daquele motorista na equipe –, porque seria muito mais fácil identificar os "infiltrados". Mas tudo indica que o jornal não atentou para esse detalhe elementar.

10 Essa é uma questão à qual me dedico há muito tempo e sobre a qual já publiquei alguns artigos. Infelizmente, ainda são raros, no Brasil, os estudos sobre a validade do disfarce como forma de obter informações para uma reportagem. Tratei do caso da favela do Batam na época (cf. Moretzsohn, "O jornalismo na medida do possível"), mas o episódio mereceria uma investigação mais detalhada, da concepção da pauta à estrutura para a realização do trabalho, especialmente depois do relato do fotógrafo Nilton Claudino, o único a se identificar entre os que participaram daquela reportagem. Em seu texto na revista *piauí* nº 59, de agosto de 2011, ele afirma que a equipe acabou capturada porque foi denunciada por colegas da própria redação de *O Dia*. Se for verdade, significa que o tempo da aliança escusa entre repórteres e policiais ainda não acabou.

Motoristas e jornalistas: histórias de uma relação solidária

Conhecer a cidade na palma da mão, cortar caminho por atalhos, perseguir comboio policial e comitiva de autoridades, saber chegar a uma favela, posicionar o carro adequadamente para uma eventual rota de fuga, enfrentar tiroteio no morro, correr o risco de ser feito refém ou de ter um fuzil apontado para a cabeça, acompanhar carreatas que duram o dia inteiro, encarar enchentes e desabamentos, viajar de emergência com a roupa do corpo, sem horário para comer nem ideia de onde dormir, ir ao encontro da tragédia quando todo mundo está fugindo dela: definitivamente, ser motorista de jornal não é para qualquer um.

"Mesmo que não fosse para cobrir um tiroteio, entrar naquela época no morro da Mineira, por exemplo, significava passar por uma blitz do tráfico", diz Paula Máiran, que trabalhou como repórter em diversos jornais entre os anos 1990 e 2000. "Se eu quisesse entrevistar uma família lá dentro, tinha que parar o carro, traficantes armados iam nos revistar pra gente poder entrar. Não é qualquer motorista que aceita um trabalho desses, né? Eles enfrentavam a adrenalina, enfrentavam os riscos, sofriam junto, comemoravam junto. Por isso eu acho que ser motorista de reportagem é ser motorista numa categoria especial."

Desde o início da carreira, há trinta anos, Jorge Antônio Barros observava a maneira pela qual os motoristas lidavam com o trabalho e procuravam colaborar. Daí elaborou uma definição precisa: "O motorista de reportagem tem de ter a agilidade de um motorista de ambulância, o conhecimento de um motorista de táxi e a agressividade de um motorista de ônibus".

A habilidade na condução do veículo diz respeito a um sentido fundamental para a segurança do jornalista: chegar ao destino e – quando é o caso – voltar a tempo para a redação. No entanto, outro aspecto da segurança também é essencial quando se trata de situações em que, pelos mais variados motivos, a equipe corre risco de sofrer algum tipo de violência. É quando o motorista que incorpora o sentido do trabalho coletivo se torna decisivo para salvaguardar a integridade de quem está com ele, e nesse caso são inúmeros os relatos de repórteres e fotógrafos que dizem, sem exagero, dever a vida a seus colegas de volante.

Além disso, há a habitual colaboração no processo de apuração de reportagens, a sugestão de pautas e, mais recentemente – por causa da disseminação da tecnologia digital –, a própria participação na documentação dos fatos, que, dependendo da relevância ou dos critérios editoriais, podem figurar no noticiário on-line e até ser capa da edição do dia seguinte. Sem contar, naturalmente, as relações afetivas que nascem do convívio sistemático, ultrapassam as relações de trabalho, mas, em contrapartida, contribuem para reforçá-las e tornar a atividade cotidiana menos estressante.

O TRABALHO EM EQUIPE

Com mais de trinta anos de profissão, o fotógrafo Custódio Coimbra, que passou pela *Última Hora* e pelo *Jornal do Brasil* e consolidou sua carreira no *Globo*, onde está desde 1989, enfatiza o sentido de equipe e ressalta a necessidade de cultivar uma boa relação diante da tensão diária. "Quando a gente chega à redação, não sabe se vai sair para cobrir um incêndio, se vai encontrar uma pessoa morta. O que vai acontecer é uma grande incógnita, e o motorista aprende a ficar imbuído desse espírito, que é o que faz a gente ser jornalista. Quando se fala que a equipe de reportagem se faz com um repórter, um fotógrafo e um motorista, é porque a prática mostrou isso."

Custódio é testemunha do tempo anterior à tecnologia digital, quando os fotógrafos, em viagem, montavam o laboratório nos hotéis em que ficavam hospedados. "Cansei de ver motoristas preparando a química pra ajudar a gente."

Jorge Antônio Barros recorda seu "trio inesquecível" nos tempos de *JB*, com o motorista César Santos de Oliveira e o fotógrafo Raimundo Valentim. "Nós três saíamos às sete da manhã pra fazer as principais coisas que estavam acontecendo. Se acontecesse alguma coisa no meio do caminho, a gente parava, não precisava ninguém combinar, o fotógrafo já queria fazer a foto, o motorista já se colocava de maneira a facilitar o acesso."

Sempre favorável à inclusão do nome do motorista como membro da equipe, Jorge cita a única vez em que, conforme se lembra, isso ocorreu: foi em uma reportagem sobre a "Rocinha Sociedade Anônima", publicada no "Caderno B Especial" de 7 de fevereiro de 1988, e na qual apareciam os nomes do fotógrafo Alcyr Cavalcanti e do motorista Osmar Sombra. "Essa matéria me rendeu um elogio do Jaguar que eu guardo com muito orgulho. Ele falou que ficou feliz porque foi a primeira vez que ele viu o 'Caderno B Especial' com o Zózimo cercado de Rocinha por todos os lados."[11]

A pauta foi ideia do repórter: transferir-se com a equipe para a favela, morar lá por uma semana, mas sem disfarces – apenas com o carro descaracterizado –, apresentando aos moradores o objetivo da reportagem, ou seja, mostrar os vários aspectos da vida na comunidade, o que, naturalmente, incluía uma entrevista com o então chefe do tráfico local. Nem todas as precauções puderam evitar o ataque promovido por traficantes, de um lado, e bicheiros, de outro.

Por sorte ninguém se feriu, ficou apenas uma marca de bala no carro. "O motorista nem era um cara com quem eu tinha muito contato, foi escolhido meio ao léu", conta Jorge, ao mesmo tempo orgulhoso pelo sucesso da iniciativa e triste com a lembrança do que ocorreu depois. "Quando terminamos o trabalho, fomos jantar em São Conrado. Depois, o Sombra foi deixar a gente em casa. Logo em seguida sofreu um acidente terrível, um caminhão da Comlurb [Companhia Municipal de Limpeza Urbana] pegou o carro dele pelo meio. Ele ficou inutilizado para o trabalho, teve de se aposentar. Foi muito triste aquilo."

---

11 Zózimo Barrozo do Amaral (1941-1997) era o titular da coluna social do *JB*, que, naquela edição, ocupava as páginas 2 e 3 do "Caderno B"; as demais eram dedicadas à reportagem especial sobre a Rocinha.

Por sua origem social e seu local de moradia – em geral no subúrbio ou na periferia –, os motoristas podem dar sugestões de pauta que permitem a ampliação do olhar sobre a cidade. Pelo mesmo motivo, misturam-se facilmente ao povo e funcionam como fonte importante para assuntos complementares e, algumas vezes, para uma mudança de rumo na apuração, ao chamarem a atenção para fatos ou pessoas que passaram despercebidos ao fotógrafo ou ao repórter.

Saem do carro, ficam circulando, encostam-se no balcão de um bar, fumam um cigarro, pedem um cafezinho e puxam conversa com quem está por ali. Raramente voltam sem alguma informação relevante. Ou, quando a apuração exige que o repórter vá a uma delegacia, ficam do lado de fora e podem notar algo que interesse à reportagem – quem está chegando, quem pode estar envolvido naquele caso, alguém que sai por uma porta lateral, a própria movimentação ao redor.

O fato de serem exímios conhecedores da cidade indica também a capacidade de saber circular pelas áreas de risco: quando não há problema em usar um carro com logotipo e quando o veículo não deve ter identificação, como chegar a determinados locais – se com a luz acesa, com o vidro aberto...

Jorge Carlos Monteiro, motorista da madrugada no *Globo*, dá uma ideia dos riscos: "Dependendo do local, você olha pras pessoas que estão ali ao redor e não sabe quem é quem. Você pode estar conversando com um garoto de 13 anos, mas ele segura muito bem um fuzil de alto poder de destruição. Você sente a hostilidade, as pessoas não te olham de uma maneira normal, jogam piadinhas, você sente que aquilo é como se fosse uma panela de pressão, a qualquer momento pode acontecer um incidente ali e complicar a situação. Uma coisa que me deixa muito tenso é quando começa a aglomerar gente em volta do carro. Porque o carro é a possibilidade de fuga, tem que estar livre pra partir".

Custódio Coimbra diz que é dos motoristas que parte a iniciativa dos contatos nessa rotina em que é preciso procurar associações de moradores e passar pelos bandidos, que abaixam a arma, enquanto os fotógrafos abaixam a máquina para prosseguir e realizar suas matérias.

Colega de Custódio no *Globo*, o fotógrafo Domingos Peixoto calcula: em um trabalho de campo, a importância do motorista para a reportagem é de 50%, até mesmo por causa da hierarquia que, segundo ele, existe no processo de apuração de matérias em regiões pobres, especialmente quando se trata de situações de conflito. "Quando você chega numa comunidade carente, você tem um grupo de pessoas que quer falar e ao mesmo tempo não quer, porque tem receio. O acesso mais fácil pra essas pessoas é o motorista, porque o motorista está afastado do tumulto. Se você quer falar de alguma coisa que precisa ficar em *off*, você vai falar com o motorista. Aí começa a hierarquia. Em segundo plano vem o fotógrafo, as pessoas gostam muito do fotógrafo, porque sabem que ele vai documentar. E, se registrar, tá registrado. E em terceiro lugar vem o repórter. *Sempre* é essa hierarquia."

Solange Duart, que durante anos cobriu a Polícia Federal, atesta que, às vezes, a informação mais importante está do lado de fora. "Demos altas matérias com base em informações que o motorista pegou assim. Eu fui setorista da Federal, e eles quase não falavam com a gente. Então, até eu conseguir me enturmar lá dentro, era o motorista que apurava pra mim uma parte das informações sobre as operações: o Bento, o Zacharias, o Maurição, o Pedro Paraíba... Polícia Federal tinha muito isso: ia ter uma operação na zona norte, mas a gente não sabia onde. Então, enquanto a gente estava conversando com o delegado, o motorista estava se enturmando ou então só ouvindo, no bar em frente, enquanto tomava um cafezinho..."

Mas os motoristas colaboravam também na cobertura de política. Solange recorda: "Enquanto a gente estava tentando apurar com o prefeito, com o governador, eles estavam colados com o motorista deles, e esse motorista passava informações sobre o itinerário que ia fazer".

MOTORISTA E SEGURANÇA

Contar com um aliado de quase dois metros de altura por dois de envergadura faz toda a diferença quando se trata de segurança. Não é à toa que o pessoal do *Globo* fala tanto de um motorista que não está mais lá, o Maurição,[12] "um morenão fortão, enorme", nas palavras de Custódio Coimbra, daqueles com quem não vale a pena discutir – em uma briga de trânsito,

---

12 Muitos motoristas foram lembrados apenas por seus apelidos e em alguns casos, como neste, quando se tratava de profissionais que já haviam deixado o jornal, foi impossível a identificação completa.

por exemplo, é dos que vão saindo lentamente do carro e crescendo diante de quem, àquela altura, já se arrependeu de tentar tomar satisfações.

Pois o Maurição, certa vez, salvou não só a própria equipe, como os demais jornalistas que se aglomeravam na entrada da garagem do Fórum (Palácio da Justiça), no centro do Rio, atrás de informações sobre denúncias contra um juiz. Custódio recorda: "De repente, um cara começou a forçar o carro em cima da gente. O Maurição saiu do outro lado da rua, veio correndo e… *pá!*, deu uma porrada em cima do carro. Todo mundo parou, o carro parou, e ele: 'Não tá vendo as pessoas, não, cara? Não tá vendo que vai atropelar as pessoas, não?'. Aí o cara ficou meio assim, deu ré e voltou. E o Maurição foi aplaudido".

A mesma iniciativa de proteção aconteceu durante a greve da Companhia Siderúrgica Nacional (CSN), em 1988, que acabou tragicamente com a invasão da empresa pelo Exército e a morte de três operários. A reação dos trabalhadores contra as equipes de reportagem do *Globo* era violenta: vivia-se então o auge do conflito entre os setores sociais vinculados à esquerda e as empresas de Roberto Marinho, e quem sofria diretamente eram os jornalistas, na linha de frente desse embate. Solange Duart era uma das repórteres no local. "Eu estava grávida. Foi muito complicado. *O Globo* era detestado, a gente teve de ir num carro sem letreiro. Mas eles descobriram e vieram pra cima, ameaçaram virar o carro, tocar fogo com a gente dentro. Jogavam muito pesado, não adiantava conversar." O carro teve os pneus furados, mas mesmo assim Maurição conseguiu escapar dali e deixar a equipe a salvo.

O *feeling* do motorista foi igualmente decisivo para evitar o pior em outra ocasião, quando a equipe foi "fazer morro" e ele resolveu não prosseguir. Por quê? "Presta atenção na subida", disse ele. De fato, "as pessoas certas pra eles [os traficantes] e erradas pra nós estavam paradas em cada subida do morro. Aconteceu um tiroteio naquele horário em que a gente estava voltando, morreu bastante gente", conta Solange. "Ele me salvou de tomar tiro em outra situação também. Enquanto eu estava conversando para saber se podia subir, um cara do 'movimento' falou que ia pegar uma arma e matar 'esse pessoal'. O Maurição ouviu, me pegou, 'Vambora agora', e eu confiei nele."

Essa sensação de segurança é particularmente importante para as jovens repórteres, que foram se tornando mais numerosas nas redações nas últimas décadas. Quando em início de carreira, ainda inexperientes, contam muito com a ajuda do motorista "cascudo", sobretudo na cobertura de conflitos armados. Ainda mais quando a jornalista trabalha em rádio, onde a equipe se resume a uma dupla: ela e o motorista.

Maíra Menezes, 30 anos, chefe de reportagem da CBN, recorda-se do tempo em que ainda era repórter e foi cobrir o enfrentamento entre traficantes dos morros São João, no bairro do Engenho Novo, e dos Macacos, em Vila Isabel, em outubro de 2009. O confronto ganhou repercussão internacional porque os traficantes conseguiram abater um helicóptero da Polícia Militar. "O motorista saiu rápido, o nosso carro foi o segundo a chegar aonde o helicóptero tinha caído. Só que eu não conseguia descer, porque era tiro pra todo lado. E ele me orientou por onde eu tinha que andar, perto do muro. Se não fosse ele, eu não teria conseguido. Então, tem essa coisa da proteção, principalmente quando você tá começando, o motorista tem mais experiência que você. Pode não ter a formação pra fazer a matéria, mas sabe como se virar, e sem ele você não faz."

Há algo de relação paternal, especialmente quando as repórteres são muito jovens, como ocorre na redação da CBN. "Tem essa coisa de 'proteger a minha repórter', sabe? Não só nesses casos de tiroteio, mas em geral. Em carreatas, por exemplo: tem muita parceria entre os colegas, mas nessa hora entra a concorrência, o motorista quer chegar na frente, porque, quanto mais perto você ficar, melhor."

Nem sempre, entretanto, o motorista colabora. Às vezes, pode prejudicar. Gustavo Azeredo, fotógrafo do *Extra*, passou por algumas situações assim, uma delas na cobertura de um velório no cemitério da Cacuia, na Ilha do Governador, no mesmo dia do velório de um traficante. "Eles ficaram incomodados com a nossa presença e começaram a xingar. Até que nos cercaram. Eu saí correndo do cemitério pra buscar ajuda, cheguei até o carro de reportagem e… cadê o motorista? Trancou o carro e deixou lá, foi resolver qualquer coisa do interesse dele. A sorte é que tinha dois policiais do lado de fora, que conseguiram conter os traficantes, e logo depois chegou reforço, e a gente pôde continuar a fazer a matéria."

O repórter Natanael Damasceno, 39 anos, há 11 no *Globo*, também já se prejudicou por causa de um motorista. "Eu estava atrasado, muito atrasado, peguei um motorista desses que não se importam com a sua necessidade e que foi pelos lugares mais difíceis, com mais engarrafamento, sem a menor vontade de adiantar o seu lado, e eu acabei perdendo a matéria. São pessoas aparentemente humildes, mas que no fundo querem te ferrar. E às vezes inviabilizam mesmo o seu trabalho. Você sair com um cara desses é o fim da picada."

LAÇOS DE AMIZADE

Quando, porém, os motoristas são parceiros, protagonizam histórias que revelam o senso de equipe até na hora de ironizar chefias, cuja arrogância é proporcional a seu desconhecimento sobre a cidade e por isso são criticadas pelos repórteres.

Solange Duart conta dois episódios que mostram a irreverência dos motoristas nessas situações. "Tivemos uma chefia que não sabia onde ficava nada, era capaz de chamar pelo rádio e dizer: 'Já que você está aí em Copacabana, dá uma passadinha em Marechal Hermes'...[13] E às vezes escalava a gente para cinco pautas, tudo mais ou menos no mesmo horário, não tinha como cumprir. Era uma pessoa que não tinha a humildade de perguntar, queria mostrar autoridade. Aí uma vez essa pessoa pegou o rádio e perguntou: 'Fulano, me diz a sua posição'. Resposta do motorista: 'Sentado, de frente pro volante'. Outra vez, perguntou: 'Quem está na linha?'. E o motorista [*imita a voz cavernosa*]: 'É o boooooiiiii...'." Todo mundo sabia quem era o motorista, mas ninguém o entregou.

---

13 A distância entre os dois bairros é de cerca de quarenta quilômetros.

Os muitos anos de convívio no trabalho acabam gerando uma relação de solidariedade que, por vezes, resulta em amizade. Romildo Guerrante, 70 anos, fluminense de Cambuci, pegou uma boa fase do *JB*, onde começou em 1971, ainda estudante, e formou uma sólida parceria com o motorista Neucy, que também vinha do interior do Estado. "Ele se habituou rapidamente a um comando que eu dava quando fazíamos ronda e eu via um carrinho de picolé Yopa na rua." Por que Yopa? Porque era a onda do momento, no início da década de 1970. "O picolé era uma delícia de refrigério em nossas rondas pela cidade em busca de assunto." Na identificação da carrocinha de sorvete, Neucy era tão esperto quanto nos momentos em que precisava estar atento ao trabalho. Mal avistava uma, encostava a Rural no meio-fio e avisava: "Olha aí o picolé!".

"Neucy era um caipirão, não conhecia nada do Rio de Janeiro e veio ser motorista de redação. Como é que faz?", indaga Orivaldo Perin, na época repórter do jornal. "Ele comprou um *Guia Rex*, decorou aquele troço num mês e logo virou o motorista mais bem informado do *JB*."

Perin lembra também do Marcelino, apelidado de Menina Moça (porque era solteiro), o preferido da condessa Maurina Pereira Carneiro, a dona do jornal. O motorista era quem levava a edição do dia ou alguma encomenda à casa dela. "Ele não falava condessa, falava *condensa*. A gente saía para uma reportagem e ele dizia: 'Tenho antes de passar na casa da senhora *condensa*...'."

Era comum que jornalistas e motoristas frequentassem a casa uns dos outros, festejassem juntos aniversários, fizessem churrascos e saíssem para tomar chope. Solange Duart recorda que, nos anos 1980, a cobertura dos ensaios para o desfile das escolas de samba – também chamados simplesmente de "o samba" –, muito mais extensa do que hoje, contribuía para consolidar essa relação.

Seu companheiro nessas horas era Jorge Gonçalves Zacharias Filho, já aposentado. Carregando debaixo do braço uma capanga, muito usada na época, que em geral sugeria o porte de uma arma, ele funcionava como uma espécie de guarda-costas para a repórter. "O samba é um lugar que tem de tudo. Tinha a mesa da Polícia Federal, da Polícia Civil, da Militar, dos traficantes, dos banqueiros de bicho, tudo convivendo no mesmo espaço. E o Zaca andava sempre atrás de mim. Falava com as pessoas, muita gente não sabia quem era aquele cara com aquela capanga. E era só um motorista com os documentos do carro, era só pra causar impressão. Tinha um grupo de motoristas que adorava samba, a gente marcava depois do trabalho pra se encontrar lá."

Custódio Coimbra considera que a amizade resulta da própria condição de trabalho, quando a equipe se entende bem. "Às vezes você passa noites inteiras dentro do carro aguardando o desfecho de um sequestro, por exemplo. Então você passa a ter nessa pessoa um amigo a quem você conta seus problemas. Rola essa amizade, a gente passa a saber das preocupações, a fazer parte do aniversário dos filhos, a compartilhar histórias."

Paula Máiran, hoje assessora parlamentar na Assembleia Legislativa do Rio, recorda com bom humor os tempos em que trabalhou como repórter, especialmente o início de sua carreira, no *JB*. "Aquela época era muito diferente da de hoje. Havia uma cultura no *Jornal do Brasil* que ficou famosa como 'salário ambiente', que era de um alto grau de relação social entre as pessoas. Nessa época, [o jornalista] Marceu Vieira tocava violão na redação, na hora do cafezinho, e a relação entre motoristas, repórteres e fotógrafos era muito igualitária. Nós não só trabalhávamos juntos, como nos divertíamos juntos. E não era pecado naquela época ir com o carro do jornal para a noite, esticar nos barzinhos e tal. Ninguém nunca questionava se isso era certo ou errado. Era assim e era muito legal."

Paula se lembra, em particular, do "pescoção" das sextas-feiras (o adiantamento da edição de domingo, após a conclusão da edição de sábado). Conta que, quando saía tarde demais, a turma encontrava quase todos os bares fechados. Restavam os Gêmeos, na região da estação Leopoldina, perto do jornal. "Eram dois botecos bem botecos, um colado no outro – por isso o nome Gêmeos –, desses com ovo cor-de-rosa, onde a gente parava pra tomar a primeira cerveja. A gente ia muito também no Poleiro do Galeto comer bifão com fritas de madrugada, às vezes era o único lugar aberto, ali em Benfica, na Cadeg [o mercado municipal, muito procurado por suas lojas de flores e seus restaurantes]."

Outro ponto de encontro era o Capela, em uma Lapa completamente diferente da que existe hoje. "Só tinha o Capela, a gente *fumaaaava* dentro do Capela, que ficava lotado de jornalistas, policiais, artistas, prostitutas, políticos, todo mundo lá. Não tinha Lei Seca nem era proibido fumar. Era um ambiente bárbaro, até hoje eu chego no Capela e alguns garçons se lembram de mim e me chamam pelo nome, porque eu ia lá quase diariamente", recorda ela. "A gente não saía uma vez por semana, a gente saía todos os dias e todo mundo junto. Havia uma espécie de consciência eufórica da alegria que era viver aquele momento, num jornal que já tinha lá os seus sinais de decadência, mas que ainda dava muito orgulho de estar lá, tanto que havia quem saísse do emprego pra ganhar menos no JB só pra viver aquela experiência."

Também havia o motorista Reginaldo Gomes da Silva, que morava (e ainda mora) no bairro Benfica, perto do jornal,[14] e que por aproximadamente um ano promoveu um churrasco às sextas-feiras, aproveitando o pagode que rolava no bar ao lado. "Era um programa certo, todo mundo ia, após o fechamento do pescoção. Muitos casais surgiram ali." Outro foi o motorista Pedro Charuto, companheiro de reportagens e de botequim, de quem Paula se lembra com saudade e amargura: ele morreu com catorze tiros em um assalto. Era um dos assaltantes. "Eu soube depois que ele teve problemas graves com drogas, com dívidas, acabou se envolvendo no crime e morreu dessa forma pavorosa."

Em compensação, uma boa lembrança: o réveillon da virada de 1993, em Ipanema. Paula estava trabalhando no evento. A prefeitura havia montado um palco ao ar livre, com orquestra, para as pessoas dançarem e havia cerveja gratuita para os jornalistas. "Aí eu usei o radinho do carro,

---

14 O *Jornal do Brasil* funcionava então no prédio da avenida Brasil, 500, que desde 2011 é a sede do Instituto Nacional de Traumatologia e Ortopedia (Into).

avisei: 'Galera, quando acabar, o ponto de encontro é aqui, Ipanema', e juntou todo mundo, nós tivemos um lindo baile, amanheceu e a gente lá dançando: motorista, repórter, fotógrafo, todo mundo comemorando o Ano-Novo e com cerveja de graça." Uma bela compensação para quem está de plantão em uma data dessas.

Quando foi trabalhar no *Dia*, Paula estranhou a recomendação da editora-assistente para que não tratasse motorista "como um igual", porque era preciso estabelecer hierarquias. Aquilo não entrou na cabeça dela. "A gente ia sempre pra essas noitadas, pras madrugadas, e eu podia enlouquecer que chegava intacta em casa." Certo dia, "um motorista que me levava pra casa, depois de uma noite numa casa de samba que a gente frequentava como se fosse uma missa semanal, aproveitou que eu estava dormindo no banco do carona e tentou me agarrar. Eu acordei com ele em cima de mim. Ele era magrinho, pequenininho, quase que eu jogo ele pela janela do carro". Foi um susto. "Eu tinha ele como um tio, era um cara bem mais velho até, jamais imaginaria que pudesse haver um comportamento daquele tipo da parte dele."

Em contrapartida, Paula recebeu uma rara demonstração de carinho de outro motorista, no mesmo jornal. Augusto, um sujeito baixinho, de olhos verdes, casado com uma portuguesa, fez um samba em homenagem à repórter, sensibilizado pelo sofrimento dela. "Eu estava com uma dor de cotovelo enorme por causa de um namoro que tinha acabado. Sabe aquelas dores de cotovelo que você chora o dia inteiro? Pois ele fez uma música pra mim, pra me consolar. Muitos anos depois eu encontrei com ele e ele cantou de novo pra mim. 'Tu és de se admirar' é um dos versos. 'Tu és de se admirar', olha que lindo!", ri, a ponto de gargalhar, julgando não merecer a homenagem.

COLABORANDO PARA A REPORTAGEM, ÀS VEZES ESCONDIDO

No que diz respeito ao trabalho, são inúmeros os casos em que motoristas tiveram a atenção despertada para algo que depois renderia uma reportagem, às vezes tão relevante que chegava à primeira página do jornal. Eventualmente, tratava-se de denúncias que exigiam que sua identidade fosse preservada, e em alguns casos também a do fotógrafo, para evitar represálias.

Foi o que ocorreu na realização da reportagem de capa de O Globo de 14 de agosto de 1999: uma sequência de três fotos que flagravam policiais recebendo propina de ajudantes de ônibus piratas, em uma espécie de pedágio montado ao lado da Central do Brasil, onde esses veículos irregulares faziam ponto final. Quem chamou a atenção para a história foi um motorista do jornal, que avisou o fotógrafo, e ambos se empenharam na apuração durante cinco meses, montando tocaia na área, até que foram obtidas as imagens capazes de identificar os policiais.

Outro caso ocorreu com Paula Máiran no jornal O Dia: a partir de informações de um motorista sobre a concorrência violenta entre seguranças particulares nas ruas do bairro de São Cristóvão, ela e um colega, com apoio dos sindicatos dos policiais civis e dos vigilantes e uma câmera oculta – "na época não havia nenhuma discussão ética em torno disso" –, mapearam o loteamento da cidade pela segurança privada. O esforço de dois meses de apuração resultou na série "Rio, cidade loteada". "Na época, não chegamos nem perto de imaginar essa coisa tão conhecida de nós hoje, que é o problema da milícia, mas com certeza era um embrião do que viria a acontecer depois", diz ela.

Há também outro tipo de ajuda disfarçada, como a do motorista que entra na frequência do rádio utilizado por traficantes para depois passar as informações ao repórter. Foi o que fez Orlando de Souza, 35 anos, que presta serviços para a sucursal da *Folha de S.Paulo* desde 2001, durante uma visita de Geraldo Alckmin, então candidato à Presidência da República, à Rocinha. "Saí com um radiotransmissor e fiquei dentro do carro todo fechado, com vidro fumê. Eu lá dentro da comunidade, e o repórter atrás do Alckmin. Fiquei anotando o que os traficantes falavam, no fim do dia passei pro repórter e ele acrescentou na matéria. Ele queria inclusive botar meu nome na assinatura, mas não podia."

Para o mesmo repórter, Raphael Gomide, Orlando repetiu o artifício no episódio do roubo de armas do Exército, em 2006, que desencadeou uma enorme operação militar em vários pontos do Rio, com a ocupação de favelas e o consequente prejuízo aos traficantes. Morador de um morro da Tijuca, o motorista conhecia bem essa realidade e participou da entrevista na qual a fonte do repórter falava sobre a negociação sigilosa de membros do Comando Vermelho com o Exército para a devolução das armas, de modo que elas fossem encontradas em uma favela dominada por outra facção. "A *Folha* foi o primeiro jornal a chegar à Rocinha. E eu, de novo, fiquei ouvindo a comunicação entre os traficantes", conta Orlando. Alguns diálogos foram transcritos na reportagem que denunciava essa negociação.[15]

Há também motoristas que, zelosos das regras, acabam colaborando, sim, mas a contragosto. O repórter Gustavo Goulart, do *Globo*, com larga experiência na cobertura policial, recorda-se de uma situação assim, em que o motorista José Felipe Ribeiro da Silva, o Felipe Português, foi decisivo para a obtenção de um furo na cobertura do caso do goleiro Bruno, do Flamengo, acusado de matar a ex-namorada, em 2010. "O Felipe é um motorista antigo aqui da casa, e ele é muito pacato, caseiro. Nesse caso, eu fiquei sabendo que o Ministério Público ia expedir mandado de prisão para o Bruno e que o sobrinho dele iria num comboio da PM para Belo Horizonte, para indicar o local onde teria sido enterrado o corpo da mulher. Consultei o jornal, tive carta branca para seguir viagem. Isso era umas onze e meia da noite. E o Felipe não queria correr, não queria cortar os carros, e nós botando fogo nele, para tentar alcançar o comboio. Até que lá pelo início da tarde a gente conseguiu passar um flash [uma nota], demos um furo na internet, mais de 600 mil acessos no site, um recorde", lembra.

---

15 "Exército negocia com tráfico e retoma armas". Caderno "Cotidiano", *Folha de S.Paulo*, 15/3/2006.

O feito foi notícia na coluna "Por dentro do *Globo*", raro momento em que um motorista aparece ao lado da equipe, em uma foto feita diante do carro do jornal. "E eu agradeci a ele, disse que ele foi um verdadeiro repórter-motorista. Porque, mesmo contrariado, o Felipe aceitou participar daquilo. Se não fosse ele, a gente não teria conseguido."

Uma pauta sobre a situação das usinas de cana-de-açúcar em Campos, inicialmente restrita a um caderno de "bairro" do *Globo* – como se o "norte fluminense" pudesse ser um bairro… –, representou uma sintonia incomum entre um fotógrafo impulsivo e apaixonado, um jovem repórter que já o admirava

O motorista Felipe Português, o repórter Gustavo Goulart e o fotógrafo Domingos Peixoto, em Belo Horizonte, em 7 de julho de 2010.

na época de estudante e um motorista novato e sensível, todos empenhados na aventura da reportagem.

Recém-chegado da viagem à cidade fluminense, Domingos Peixoto ainda estava sob a emoção daquela experiência quando relatou o que ocorreu. Havia sido uma volta no tempo: ao saber que iria para Campos, lembrou-se da reportagem de catorze anos antes e de Antônio Luiz dos Santos, o boia-fria que conhecera e fotografara para a capa do mesmo caderno naquela época. Entrou em alvoroço e não teve dúvida: sua tarefa principal, com o repórter e o motorista, seria ir atrás daquele homem.

Domingos abre o laptop, mostra as duas imagens sobrepostas do homem, começa a falar: "Há catorze anos eu fiz esta foto aqui, ó. E agora eu me vi de novo fotografando esse homem. O que é que mudou? O facão tem um corte melhor, ele está usando luva… Fora isso, é um semiescravo, continua aquela pobreza completa. Só está catorze anos mais velho".

Ele conta que a busca foi como um faroeste, só que no meio dos canaviais. "Eu levei uma cópia da capa do jornal antigo, contava a história pras pessoas, abria a página do jornal e eles ficavam espantados. Todo mundo conhecia o cara, mas ninguém conseguia dar informação precisa."

Foram quatro dias atrás daquele homem. A "equipe garapa", como Domingos denominou o trio formado por ele, pelo repórter e pelo motorista, para não deixá-los esmorecer, percorreu, em um só dia, quase 240 quilômetros, passando por caminhos de terra, indo e voltando de canaviais, até que finalmente achou seu Antônio.

"Nesse dia só fomos almoçar às seis da tarde. Almoçamos um bolinho de aipim. Mas eu não tinha fome! Estava tão envolvido naquilo que não vi o tempo passar", diz Cláudio Borges dos Santos, 33 anos, que Domingos, apropriadamente, chama de "motorista sorriso", porque esbanja simpatia. Claudinho tinha apenas dez meses no *Globo* na época da reportagem e jamais pensou que viveria uma situação como aquela. Quando começou a trabalhar para a empresa, depois de anos prestando serviços burocráticos como motorista – seja quando serviu no Exército, seja na Prefeitura –, foi para a editoria "Bairros", que costuma ter pautas previsíveis. De repente, viu-se naquela busca envolvente e ocupado com a tarefa de filmar o encontro de Domingos com seu personagem, tanto tempo depois: o fotógrafo pôs-lhe a câmera na mão e ele saiu documentando como pôde.

"Eu nunca filmei, como é que eu consegui fazer aquilo?", pergunta-se ele, espantado não só com a súbita percepção de sua habilidade, mas, principalmente, com uma situação de pobreza que nunca tinha visto de perto. "Eu ali atrás da câmera, aquele homem tão humilde, abrindo a casa dele pra gente, e ele não tinha nada, a sala não tinha um sofá, era sala junto com cozinha, não tinha pia, não tinha vaso sanitário… Só tinha uma televisão e o quarto com uma cama." No caminho de volta para o hotel, Claudinho chorou copiosamente por tudo aquilo.

A reportagem foi publicada em seis páginas no caderno "Norte Fluminense" e rendeu chamada de capa e uma página dominical no *Globo* de 26 de junho de 2011. O motorista se

O repórter Luiz Gustavo Schmitt, o fotógrafo Domingos Peixoto, o boia--fria Antônio Luiz dos Santos e o motorista Cláudio Borges dos Santos.

comoveu ao ver-se fotografado como parte da "equipe garapa". "Quando eu peguei o jornal, fiquei igual a pinto no lixo! Mostrei pra minha família, vou guardar pra sempre, vai ficar para os meus netos", diz ele, que é casado, tem uma filha e mora em Nova Iguaçu.

Detalhe: Claudinho é um dos terceirizados do *Globo*. Sua atitude só comprova que o envolvimento do motorista não está relacionado necessariamente a sua condição trabalhista. "Quando o motorista entra na história e vê que está indo além daquilo que ele é pago pra fazer, ele começa a viajar nela, mas isso depende também da energia que está flutuando entre a gente", diz Domingos, com um sorriso de vitória próprio de quem vive intensamente a profissão. "Você acha que, quando eu corro atrás da história desse cidadão aí, que hoje em dia vive numa miséria absoluta, e chego em casa e começo a chorar porque fico tão deprimido, é por causa do salário que eu recebo da minha empresa?"

A MISÉRIA NO BURACO DO METRÔ

No início dos anos 1980, ainda no tempo das "pautas livres", a repórter Tânia Rodrigues saía diariamente com o motorista Paulinho Amarelinho e o fotógrafo Aguinaldo Ramos para percorrer a cidade em busca de alguma notícia. Um dia, a equipe circulava pelo subúrbio do Rio quando Paulinho sugeriu: "Vamos dar uma olhada lá no Jacarezinho [favela da zona norte]. Passei lá outro dia e vi uns barracos estranhos bem embaixo do buraco do metrô [então em obras]. Será que mora gente lá?".

Uma das portas estava grafitada, diferentemente das outras. Foi o motorista quem percebeu isso e parou o carro do JB bem em frente àquela porta, que logo se abriu. Tânia perguntou se havia gente morando no local e a equipe foi convidada a entrar. "Chamei o Aguinaldo e nós entramos. Fizemos a matéria com aquelas famílias que viviam debaixo do buraco do metrô. Lá dentro, a surpresa foi encontrar, além de muita miséria e escorpiões, um esconderijo do tráfico. O chefe disse: 'Deixei vocês entrarem, mas não quero fotos minhas, só quero que esse pessoal – velhos doentes, mulheres grávidas – arranje um local para morar'."

A reportagem saiu na primeira página e despertou o interesse de correspondentes estrangeiros. Eles pediram ajuda à repórter para que o motorista do *JB* os levasse até o local, que não havia sido divulgado com precisão. Como diz Tânia, "eram várias portas e ninguém se atreveria a bater em todas elas".

"Paulinho Amarelinho recebeu ordem da chefia para voltar ao local com os correspondentes estrangeiros, e nós, do *JB*, conseguimos que a Secretaria de Ação Social arrumasse um lugar para aquelas pessoas morarem. Foi o Paulinho o principal responsável por essa matéria, merecia ter assinado a matéria. Homem de fibra, amigo leal e corajoso, virou quase meu motorista particular em outras tantas matérias. Dava um livro."

Tânia começou no *JB* em 1977 e está casada há trinta anos com César Pinho, que sempre cobriu a área de segurança pública e era requisitado também para os casos de calamidade. Um deles, em 1985, ficou marcado na memória do jornalista por dois motivos: pela contrariedade de precisar se deslocar de emergência para fora do Rio no dia do aniversário de sua afilhada – exatamente na hora em que ia buscar o bolo e, ainda por cima, para uma matéria "rec", ou seja, "recomendada" pela direção do jornal – e pela colaboração fundamental do motorista Ferreira no episódio.

"Tinha acontecido uma catástrofe em São Lourenço [Minas Gerais]. O Parque das Águas ficou destruído pelas chuvas. A cidade estava deserta. Aí o Ferreira viu no alto do morro – como ele conseguiu enxergar, não sei – uma luz que mais parecia iluminação de lampião, de tão fraca." Resolveram subir o morro e encontraram a Defesa Civil, o que garantiu a notícia que ninguém tinha. "Foi um papo rápido, algumas doses de cachaça e as primeiras informações para o primeiro clichê. No dia seguinte estava todo mundo – mídia e autoridades – em São Lourenço."

Fotógrafo com vasta experiência na cobertura de conflitos armados no Rio, o paraibano Severino Silva, de O Dia, 48 anos, 22 de carreira, também viveu uma experiência excepcional com o motorista que o acompanhava. Ele costuma dizer que a equipe de reportagem é como uma engrenagem: "Se tiver um dente quebrado, vai haver atrito, então os três têm de estar bem sintonizados pra dar tudo certo". De todas as situações que viveu, destaca uma, em que foi mandado, às dez da manhã, para "ver o clima" de uma "guerra do tráfico" no bairro do Caju, na zona portuária do Rio.

"Guerra do tráfico às dez da manhã, cinco mortos, que clima querem que eu veja? Então eu fui pra delegacia. Quando cheguei, o rabecão estava chegando também. Iam buscar um corpo, nós fomos atrás. Aí o Da Silva [o motorista Paulo Roberto da Silva] viu um corpo em cima de outro, avisou e já jogou o carro de lado, de um jeito que eu já saí fotografando. Só que não eram dois corpos, era uma mulher em cima do filho morto", conta Severino. Ela estava limpando o corpo do rapaz, que tinha sido jogado em um valão; dizia que seu filho não ia ser enterrado sujo. A foto ganhou o título "O último beijo de mãe" e foi medalha de bronze do Prêmio Líbero Badaró de 1997.

Várias vezes Severino fez fotos de cenas que não tinham tanta relevância assim, apenas para atender à indicação dos motoristas. "Às vezes a foto nem é publicada, mas pra mim tem aquele valor, porque mostra que o cara tá interessado e que você deu atenção a ele." É uma forma de cultivar a amizade e estimular o olhar atento do parceiro, que pode ser muito útil em outras ocasiões. O fotógrafo também respeita muito o motorista. "Se ele diz que não dá pra entrar numa comunidade, eu não forço a barra. O profissional é ele, ele é quem sabe até onde pode ir."

NA COLA DE GORBATCHOV

Fala mansa, sentado em um sofá no terraço de seu apartamento cercado de belas fotos de ângulos inusitados do Rio de Janeiro, Custódio Coimbra diz que não tem uma grande história para contar, mas "grandes pequenas histórias, que são o que faz a diferença". Aos poucos, vai se lembrando de alguns episódios, um deles com o motorista Amauri do Nascimento, na cobertura da visita do então presidente russo, Mikhail Gorbatchov, ao Rio. "Era plantão no Hotel Glória, nós fomos render uma equipe e quando chegamos lá não tinha ninguém. Aí sai do hotel um cara de terno meio correndo, meio assustado, e eu pergunto: 'Pô, meu camarada, cadê o Gorbatchov?'. E ele falou: 'Vem comigo'. E entrou num carro preto, botou uma sirene e saiu feito um louco pela cidade. E o Amauri, *pá!*, colou no cara, o cara cortando tudo que era sinal... Ele estava indo pra Rocinha. Quando chegamos na estrada da Gávea, os carros todos parados, e o cara na contramão, o Amauri colado, e a gente só vendo os carros da imprensa, tudo parado. O tal cara era um dos seguranças do Gorbatchov. Parou o carro, eu saltei, fiquei sozinho com o Gorbatchov. Fiz duas, três fotos, ele olhando a Rocinha, depois me tiraram, e no dia seguinte só eu tinha essa foto. Se não fosse a destreza do Amauri... E eu não pedi nada. Ele é que sabia o que precisava fazer."

Depois de muito tempo fazendo pautas sobre violência, Custódio foi se distanciando dessa área e privilegiando temas ligados ao meio ambiente. Disso resultaram fotos exuberantes, como a que O *Globo* estampou em sua edição on-line de 26 de julho de 2010 e repetiu na capa do jornal impresso no dia seguinte: a da lua, imenso disco dourado, no raiar da manhã azulada, descendo sobre as torres da igreja da Penha.

Era uma imagem que Custódio perseguia havia três anos e tentara capturar em quatro ocasiões, sem sucesso. "Se não fossem dois motoristas, eu não teria feito essa foto. Eu cheguei ao jornal às cinco da manhã. O motorista, o Felipe Português, já estava largando. Assim mesmo ele me levou e me soltou no meio da Linha Vermelha, lá no Fundão. Um trânsito louco, ainda tava escuro, ele disse: 'Cara, você tem certeza?'. E eu respondi: 'Me deixa e faz um favor: faz um contato com o Getúlio, pra ele vir me buscar neste mesmo lugar'. O Getúlio era quem entrava às seis da manhã. Eu fui com o tripé, não tinha como pular a pista, fiz a foto, quando terminei vi um farol assim, piscando, era o Getúlio, que já estava lá." Foi um risco enorme, considerando o tráfego intenso na via expressa. Custódio se permite um breve comentário sobre a irregularidade cometida: "É contra as leis do trânsito parar no meio da Linha Vermelha? É, mas ninguém faria isso se não confiasse tanto nesses motoristas, na segurança que eles nos dão".

Getúlio Alves de Souza, que depois teve de se licenciar para tratamento de saúde, era o típico pauteiro: vivia ligado na CBN, quando chegava para trabalhar já tinha lido todos os jornais, sabia tudo o que estava acontecendo. Como a foto da lua teve repercussão muito grande, Custódio propôs fazer diariamente um "amanhecer na cidade". Assim, quem acessasse o site do jornal pela manhã teria sempre uma cena diferente. Getúlio ficou conhecido como "o motorista do amanhecer", e frequentemente era ele quem sugeria o local para onde a equipe deveria ir.

A obsessão de Custódio o levou a insistir diversas vezes em uma foto que, finalmente, conseguiu fazer em agosto de 2005: os dois bondinhos do Pão de Açúcar cruzando o céu, emoldurados pela lua cheia. Para isso, teve a colaboração decisiva do motorista João Batista de Oliveira, ou simplesmente Batista, que depois passou a trabalhar na sucursal carioca da *Folha de S.Paulo*.

"Estávamos na areia da praia de Botafogo", recorda Custódio. "Eu carregava uma lente 600 mm com tripé, e o Batista, a minha bolsa com o restante dos equipamentos. Já havíamos estado no Pão de Açúcar, e o condutor de um dos bondinhos sabia da minha proposta: colocar os dois bondinhos cruzando-se na frente da lua. Mas não sabíamos o local exato e ficamos andando de um lado da praia para outro, enquanto a lua não aparecia entre os dois morros."

Quando o clarão surgiu, Custódio telefonou para o condutor do bondinho, que deu a partida e começou a descer. Era um momento único, que exigia extrema precisão. Daí,

O motorista João Batista de Oliveira mostra foto dos bondinhos do Pão de Açúcar, feita por Custódio Coimbra com a sua colaboração.

também, a excitação. "Eu dizia que devíamos ir para um lado, Batista dizia que era para outro, chegamos até a bater um no outro à procura do ponto certo." Quando registrou a imagem, Custódio não comemorou sozinho: era uma realização dos dois. Tanto que, após a publicação, ele deu uma cópia de presente ao motorista. "Foi um trabalho de equipe, sem dúvida. O Batista foi coautor da foto."

Custódio se lembra, ainda, de boas passagens de seus tempos de *JB*. Uma delas, especial, foi com o motorista César Santos de Oliveira – o mesmo do "trio inesquecível" citado por Jorge Antônio Barros –, quando o jornal pautou uma inusitada cobertura por ocasião da passagem do cometa Halley: enviar uma equipe a Lumiar, distrito da região serrana frequentado por "bichos-grilos", para fotografar e entrevistar mulheres que estariam amamentando seus filhos sob a luz do cometa.

"Olha que pauta maluca. Claro, entrevistamos duas, três mulheres, vimos que não tinha nada a ver e ficamos esperando a passagem do cometa, que seria de madrugada. A repórter ficou dormindo no carro, não tinha mais nada que fazer, e eu fiquei ao lado do César. Aí deu meia-noite, uma, duas da manhã, e eu comentei: 'Pô, cara, sabe que dia é hoje? É o dia do meu aniversário'. Aí o César disse: 'Pô, cara, é o dia do *meu* aniversário'. E eu: 'Tu nasceu em que ano?'. 'Em 1954.' Imagina: nós tínhamos nascido no mesmo ano e no mesmo dia e estávamos numa situação inóspita, no meio da estrada... Então resolvemos ir pra cidade, compramos uma garrafa de vinho e ficamos comemorando o nosso aniversário."

A imagem dos dois colegas solitários festejando o aniversário longe de casa poderia encerrar esse relato – e, certamente, daria uma bela foto –, mas seria um pecado deixar de fora duas pequenas histórias preciosas que envolvem o cuidado dos motoristas com as "meninas" repórteres da rádio CBN.

Maíra Menezes conta a primeira, sobre as situações corriqueiras durante as carreatas de políticos em períodos eleitorais. Ficar atrás deles é um trabalho estafante, que dura o dia inteiro, e é então que a solidariedade do parceiro ao volante mostra sua importância. "Político não para pra comer. O único momento em que para é pra dar entrevista, e é quando você tem que estar ali, não pode perder. Às vezes, você nem pediu, mas o motorista já toma a iniciativa, compra uma água pra ele e outra pra você." Especialmente relevante, no caso das mulheres, é descobrir um banheiro no meio de todo aquele tumulto. "Homem se vira, mas a gente… Então o motorista corre atrás, depois vem com a notícia: 'Ó, falei com a dona de uma casa ali, você pode ir…'. É isso que salva."

Se é assim em tempos rotineiros, que dirá na cobertura de uma catástrofe como a que ocorreu na região serrana do Rio, no início de 2011, quando as equipes de reportagem enfrentaram todo tipo de dificuldade. No meio da tensão, a repórter Fabiane Moreira, 26 anos, estava envolvida em uma entrevista coletiva e não podia sair dali. Já era tarde, ela não havia almoçado, e o motorista, Nilson Provietti, lhe perguntou se não queria uma quentinha. Irritada, Fabiane disse que não ia adiantar, porque ia esfriar. Ele garantiu que não. Ela não estendeu o assunto, mas, quando voltou, percebeu a gentileza: Nilson havia conservado a quentinha em cima do motor do carro e ainda escreveu o nome dela na embalagem. Era só abrir e comer.

O PAPEL DE UM TAXISTA NO DIA DA INTERNAÇÃO DE TANCREDO

O relato do jornalista Chico Sant'Anna sobre o trabalho de um taxista quando o presidente eleito Tancredo Neves foi internado, na véspera de sua posse, não pode ser deixado de lado, porque revela a colaboração fundamental de pessoas sem nenhum vínculo com o jornalismo para a veiculação de informações em um momento decisivo da vida nacional.

Tancredo deu entrada no Hospital de Base de Brasília na noite de 14 de março de 1985. Na época, Chico Sant'Anna acumulava na TV Globo as funções de chefe de reportagem e editor. A emissora havia montado um esforço concentrado em Brasília, trazendo profissionais e equipamentos de outras praças para a cobertura da posse.

Não calculou o imprevisto: tarde da noite, a ex-namorada de um repórter da Globo, enfermeira lotada no hospital, ligou para a redação e avisou que Tancredo havia entrado em uma maca. Podia ser um trote. Mesmo assim, todas as providências foram tomadas, entre elas a de alertar o jornalista Antônio Britto, que estava deixando o cargo de diretor regional de jornalismo da TV Globo para assumir a função de porta-voz do futuro presidente. Logo em seguida, Carlos Chagas, comentarista da Rede Manchete, anunciou o furo. No entanto, era uma "nota pelada", sem imagem.

Aquela era uma noite de festa, todos comemoravam a eleição, ainda que indireta, do primeiro presidente civil depois de duas décadas de governos militares. Chico só dispunha de repórteres novatos de plantão e os despachou para o Congresso e para o Hospital de Base. Dali, porém, nenhuma emissora conseguia transmitir, porque – pelo menos foi essa a explicação oficial – os alambrados em torno do hospital bloqueavam o sinal para transmissão das imagens pela unidade portátil de jornalismo, a única disponível naquele momento.

"Na época, a Globo nem motoqueiro tinha", recorda Chico. "Nós passamos a mandar os flashes por táxi. Esse motorista de táxi fez cinco, sete, dez viagens; estava tão envolvido que entrava afobado, já avisando qual era a gravação que valia, e voltava para o hospital." Foi assim durante toda a madrugada. A situação só foi resolvida com a chegada da unidade móvel da Globo São Paulo, que entraria em operação apenas pela manhã. Dotada de antena parabólica e telescópica, que ultrapassava os limites do alambrado, garantiu a primeira entrada ao vivo no *Bom dia, Brasil*.

Repórteres no volante

Jorge Toledo: "A diferença está entre o volante e o banco do carro"

A reação de antigos jornalistas do *JB* à publicação da foto do motorista Toledo na página do fotógrafo Marcelo Theobald, em abril de 2011, não deixa dúvida de sua popularidade. Foram várias respostas, muitas manifestando saudade, outras lembrando a linguagem especialíssima com que ele procurava alertar a reportagem: "Atenção, redação: tem um carro encapotado na *horta* marítima!", ou, nas passeatas: "Cuidado, colegas, estão jogando gás de *cremogema*!".

A forma pela qual o motorista se preparou para a entrevista para este livro justifica esse carinho: ele já aguardava na porta de casa, expansivo e acolhedor, com as cervejas compradas no bar em frente e o caprichado prato de salaminho cortado fininho com fatias de limão.

Nascido e criado em São Gonçalo, "nesse terreno que é todo nosso, da minha família, de Moisés Toledo, que é meu pai", Jorge Toledo, 67 anos, é uma pessoa simples, que tem "muito mal" o curso primário, mas uma experiência de vida fundamental para seu trabalho como motorista de reportagem.

Foi assim que conseguiu uma informação preciosa para o repórter Humberto Borges, que, no início da década de 1980, estava atrás do ganhador do maior prêmio até então pago pela Loteria Esportiva. "Era um cara que trabalhava num posto de gasolina em Bonsucesso. O Humberto foi falar com o gerente, eu fiquei com os peões [os frentistas]. Estava com dois maços de Hollywood no bolso, um fechado e o outro aberto. Aí puxei conversa e um deles disse: 'Pô, *mermão*, nem arrumei pro cigarro hoje'. Eu dei meu maço aberto pra ele. E ele contou que o cara morava na Baixada Fluminense, deu mais ou menos a direção." Quando o repórter voltou, derrotado da tentativa com o gerente, Toledo anunciou, vitorioso: "Ó o endereço aqui!".

Encontraram o sujeito com o gerente do banco, que resolveu exigir uma entrevista coletiva. Humberto então pediu que Toledo retornasse ao jornal e buscasse todos os repórteres que já haviam trabalhado em outras empresas e tivessem os respectivos crachás. "O chefe do transporte providenciou duas Rurais [o carro de reportagem na época], foram de oito a dez repórteres, tudo com crachá da *Última Hora, Manchete, Jornal do Commercio, Diário de Notícias*. E o gerente caiu na história." No dia seguinte, o JB saiu sozinho com a matéria, na capa. O repórter pegou o jornal e mostrou ao motorista: "Aí, Toledo, essa matéria é tua". "Que beleza, que gostoso! Foi uma jogada de mestre, né?"

Toledo exulta ao narrar essas histórias. Certa vez, nos tempos da onda de sequestros no Rio, no início dos anos 1990, estava com o repórter Marcelo Moreira, seguindo pela rodovia Washington Luís até Petrópolis para a casa de um empresário de ônibus que havia sido sequestrado, quando percebeu um monte de carros de polícia parados. Cutucou o repórter, que estava tirando um cochilo. "Aí, Marcelo, tem matéria pra gente aí…" Era a libertação de uma jovem, filha de um empresário mineiro, outra pauta que o jornal buscava sem saber por onde começar. "Fomos fazer um sequestro, fizemos dois!", comemora Toledo ainda hoje.

Pautas mais leves também estavam no programa. Em um domingo, na década de 1980, a equipe saiu em busca de temas interessantes pela zona sul. O motorista estacionou no Leblon e começou a reparar na chegada de babás carregando bebês para um ponto da praia. Alertou o fotógrafo, que exclamou: "Cara, tu descobriu a matéria!", e saiu fotografando e dizendo à repórter para fazer o texto. Hoje o Baixo Bebê é conhecido por quem mora no Rio, mas a denominação, segundo Toledo, surgiu nessa reportagem do *JB*. "E eu tô aqui pra comprovar, fui eu que dei a ideia da matéria."

Em outro domingo, ainda nos anos 1980, ele acompanhou um fotógrafo mal-humorado, já falecido, e a repórter Celina Côrtes para descobrir pautas no Aterro do Flamengo. Havia quatro gerações de uma família se exercitando ali, o fotógrafo viu, mas não quis contar à repórter. Foi Toledo que deu o toque a ela. "Eu não deixava sacanear nenhum repórter nem fotógrafo meu", defende ele, considerando "seus" os repórteres e fotógrafos de bom caráter.

Defendia também a exclusividade das matérias, a ponto de recriminar uma fotógrafa que havia conseguido fazer a imagem de um bicheiro preso e queria passar a foto para um colega do *Globo*, de quem era amiga. "O quê? Você trabalha no *Globo*? Quem te paga não é o *JB*? Se o cara chegar e pegar junto contigo, tudo bem. Agora, se ele perder a matéria, você vai fazer o quê? Hein?!" Toledo repete esse "hein" indignado como uma exclamação diante de tudo o que considerava errado.

Exímio ao volante, ele fazia misérias para garantir a reportagem. No cortejo de um deputado morto em Volta Redonda, era o último da fila, atrás de mais de quarenta carros. Resolveu ir pela contramão e meteu-se na frente, em uma subida que permitiu uma foto panorâmica, de cima para baixo, que foi capa do jornal e rendeu ao motorista um elogio da redação.

Quando, dirigindo um modesto Chevette a álcool, Toledo conseguiu acompanhar a comitiva do então presidente Fernando Collor em visita a uma hidrelétrica em Magé, no Estado do Rio, ouviu de um dos seguranças: "Cidadão, como é que você consegue acompanhar a gente com essa bicicleta?". Ele brilhou na resposta: "A diferença está entre o volante e o banco". A diferença é o motorista, sua competência e capacidade. "A vida de reportagem é isso aí. O motorista tem de ser de primeira. Se não for, você não tem matéria boa." Isso, claro, nos tempos pré-internet, quando lugar de jornalista era na rua.

Toledo recriminava repórteres e fotógrafos que, na época, gostavam de pegar no volante. "Os caras, já meio mamados, gostavam de tirar onda, achando que tromba de elefante é pinga-gota. Que é que há? Cada um na sua: um escreve, outro tira retrato, eu dirijo. É questão de responsabilidade. Eu não dava meu carro pra ninguém."

Viajava muito, fazia muitas horas extras. Quando conferiam a ficha, estranhavam: "Você não dormia, não?". E ele: "Dormia no carro, em frente à delegacia". Espertatez de quem sabe a necessidade de se virar. "Nessa vida, se você não for malandro, você tá lascado."

De origem pobre, Jorge Toledo começou a trabalhar ainda criança. Saía de casa às quatro da manhã para vender pão, depois ia à escola e voltava para vender pão novamente. Aos 13 anos, virou cobrador de ônibus e assim ficou até o serviço militar. Depois conseguiu uma vaga como motorista de ônibus, e um dia, quando fazia o trajeto São Cristóvão-Barreto, passando pela ponte Rio-Niterói, ouviu a sugestão de um passageiro, funcionário do JB, para que mandasse seu currículo para o jornal.

Foi assim que entrou para a reportagem e fez carreira, não sem alguns percalços. "Eu passei na seleção, mas disseram que o seu Dickran [Ahzfadurian, chefe de transporte] não gostava de mim porque eu era crioulo. Queriam me botar pra fazer entrega de madrugada, viajar daqui pra São Paulo, eu achei meio perigoso, e o cara rasgou os documentos todinhos que eu tinha assinado."

Regressou dois dias depois, convocado por um telegrama, porque precisavam de motorista para a redação. Começou então sua primeira e mais significativa experiência no *Jornal do Brasil*, de 1975 – ainda no prédio da avenida Rio Branco – até 1983. Foi demitido no processo de terceirização adotado pelo jornal, mas que fracassou, a ponto de chamarem os antigos motoristas de volta. Toledo retornou à empresa em 1987, ficando até 1999. Estendeu sua atividade por mais um ano, como terceirizado, porém o pagamento atrasava. Então, resolveu sair.

Botou o jornal "no pau" em 2000 e só recebeu a primeira parcela em 2007. Ainda lhe devem dinheiro. Mas, pelo menos, conseguiu se aposentar. Ganha pouco mais de R$ 1 mil de aposentadoria. "Eu dei meu sangue pelo jornal, vestia a camisa mesmo. Era uma boa empresa, tinha bolsa de estudos para meus filhos, tinha assistência médica. Hoje não posso pagar, minha assistência é o pronto-socorro de São Gonçalo."

Na ativa, Toledo ganhava em média dois salários mínimos e meio. Diz que era o suficiente para viver. "Até que como motorista eu cheguei num ponto bom. Criei três filhos, o meu mais velho tem 40 anos e o segundo grau, as minhas filhas são formadas, uma em pedagogia, outra em contabilidade."

Orgulha-se de ter construído a própria casa, ainda inacabada, e a de uma das filhas, logo na esquina, de ter conhecido muita gente – "Tenho foto com o Pelé, quer ver?" – e de ter sido muito considerado no jornal. Por isso, tem saudade daquele tempo. "Quem não teria? Aquilo ali era a minha segunda casa. Ficava mais tempo dentro do jornal que na minha casa. Não tem como não sentir falta."

Francisco Carlos Aleixo: "O motorista é o segundo olho do repórter"

Francisco Carlos Aleixo teve um reconhecimento raro entre seus colegas de profissão: virou notícia no próprio jornal onde trabalhava. Foi em outubro de 2001. Na contracapa do suplemento "Planeta Globo", do *Extra*, ele aparece em uma foto de meia página do tabloide, fazendo pose, metade do corpo para fora da janela do carro com o logotipo do jornal. Era "o melhor repórter da garagem", como diz o título da matéria, que conta algumas participações importantes do motorista durante as reportagens e traz elogios de repórteres e fotógrafos.

Orgulhoso, ele exibe o jornal e se diverte com a repercussão da história. Seu chefe não gostou, achou que ele estava querendo aparecer. Nada disso. "Eu era um cara muito parceiro. Só tava fazendo meu trabalho. Todo mundo queria sair comigo, eu não enrolava o serviço."

Aleixo participava ativamente do processo de apuração. Um episódio foi marcante: logo ao chegar, às sete da manhã, foi mandado para a Barra da Tijuca. "Pega o carro, mataram o Paulo Andrade!" Filho de Castor de Andrade, falecido um ano antes, Paulo morreu na guerra travada pelos herdeiros do contraventor na disputa por pontos do jogo do bicho e pela exploração de máquinas de caça-níquel. Aleixo saiu em disparada com o chefe de fotografia, porque ainda não havia ninguém da reportagem na redação. Foram os primeiros a chegar ao local do atentado, e foi o motorista quem alertou para as fotos. "O chefe era um cara de estúdio, não era de rua, não conhecia as pessoas. Eu fui puxando ele: 'Ó o cara ali deitado, olha a Beth Andrade!'." Beth era a mulher de Paulo.

O repórter chegou em seguida; outros jornalistas também. Aleixo se afastou do tumulto, ficou encostado no carro, fumando um cigarrinho, quando passou um sujeito e lhe disse: "Eu vi tudo". "'O quê? O *quê*, meu amigo?' E ele: 'Eu vi tudo'. Aí eu disse: 'Peraí, não some daí, não'. Fui no ouvido do repórter e falei: 'Tem um cara ali que disse que viu tudo'. O repórter, também bandido velho, foi falar com ele, e o cara: 'Eu vi; os caras saíram desse prédio, depois pegaram um caminhão e foram pra lá'. O caminhão era da Minuano. Aí a ordem do jornal era achar onde era a Minuano. Ficamos a noite todinha rodando atrás desse caminhão. Achamos a empresa e o motorista que deu carona pros caras que mataram o Paulo Andrade. É... foi muito bom aquilo. E ainda hoje o pessoal fica bobo quando eu conto isso."

Depois de mais ou menos um ano na redação do Rio, Aleixo foi trabalhar na sucursal da Baixada Fluminense, em Nova Iguaçu, com o repórter Marcos Nunes e o fotógrafo Gustavo Azeredo. Chamava seu carro de "Baixada móvel". Havia de tudo ali: garrafão de cinco litros de água com gelo, biscoito – porque nunca se tinha hora para comer –, remédio, bloquinho, caneta, gravador... fora a própria máquina fotográfica, que ele usava de vez em quando. Era uma infraestrutura indispensável, visto que a equipe chegava a rodar seiscentos quilômetros em um só dia. "Contando ninguém acredita, mas era assim. A nossa central era em Nova Iguaçu, a gente saía dali pra Magé, de Magé pra Paracambi, e voltava a Magé, uma loucura."

Tanta atividade rendia uma profusão de pautas: seis, sete, oito por dia. Coisa de jornal novo e de repórter jovem, que quer mostrar a que veio. Aleixo fingia reclamar – "Pô, o Marquinho é louco…" –, porém no fundo gostava. "Eu era um funcionário que vibrava, porque trabalhar na reportagem era muito bom, e quando se trabalha com gente que gosta do que faz… A gente fazia muita coisa, mas muita coisa mesmo."

A jornada era extenuante. Chegava a dezoito, vinte horas por dia. "Já teve dia em que eu cheguei em casa e o jornal me ligou pra voltar. Eu não tinha horário. Teoricamente, pegava das oito às seis, fazia duas horas extras, com uma hora de almoço. Mas nunca era assim. A gente não tinha hora pra largar. Hoje, não, o repórter tem hora de pegar e largar. Se tem matéria que vai ultrapassar a hora dele, tem rendição."

Apesar disso, Aleixo vestia a camisa do jornal. Foi assim desde antes do lançamento, em 1998, quando a publicação ainda não tinha nome e era chamada de "Jotapop" pelo pessoal do *Globo*. "Eles se achavam os poderosos, isso levou tempo pra acabar. Naquela época eles olhavam pro pessoal do *Extra* de cima pra baixo, assim. Até os motoristas diziam que a gente era Jotapop. Jornal popular. É, jornal vagabundo… Pô, Jotapop, não, é o *Extra*, escolhido pelo povo…", contesta, repetindo o slogan do jornal, cujo nome foi supostamente resultado de uma consulta popular.

"Ele vestia a camisa mesmo, tinha orgulho, batia no peito, 'Eu sou *Extra*!'", lembra o fotógrafo Gustavo Azeredo. "Uma vez, a gente foi cobrir um homicídio em Piabetá, aquele monte de gente aglomerada, e o Aleixo com o carro acelerado fazendo aquele barulho, 'Chegou o *Extra*!', aí eu avisei: 'Freia, que você vai atropelar o defunto!'. Era mesmo pra segurar um pouco a onda, porque senão você vira o centro das atenções, quando o melhor é passar despercebido."

Em outra ocasião, em Caxias, Gustavo se embrenhou no meio da multidão – havia acabado de acontecer um tiroteio –, e Aleixo ligou para a redação relatando por celular o que estava acontecendo. O motorista imita a manifestação: "Nessas horas, tem sempre um povo gritando: '*Juxtixa, juxtixa*'…". Chegava a passar o celular para as pessoas falarem e depois retomava, confirmando a história, como se fosse um repórter de rádio que estivesse entrando ao vivo. "Isso era muito legal. Enquanto você estava ocupado com outras coisas, ele estava sempre por ali, buscando informações", diz o fotógrafo.

Seu senso de iniciativa foi especialmente importante durante uma entrevista coletiva do prefeito de Nova Iguaçu, Nelson Bornier, que minimizava as consequências de uma epidemia de meningite em que morreram várias pessoas. "Eu tava sozinho com o Gustavo, o repórter ia chegar mais tarde e eu peguei o gravador pra não perder o início da entrevista. E o prefeito disse alguma coisa assim: 'Num bairro de 160 mil habitantes, 18 mortos não são nada'. Olha só." Não valeu só para o *Extra*: a declaração saiu também no *RJTV*, da Rede Globo.

Quando isso acontecia, era a glória, como se sair na Globo fosse a confirmação de que a matéria era mesmo relevante.

E representava uma vitória sobre o poderio da emissora: afinal, quem chegou primeiro? Aleixo se empolga: "Quando a Globo tomava conta, aí era um materiaço, a gente ficava feliz! 'Olhaí, tá vendo? Nós que fizemos, a Rede Globo tá copiando...' Ah, isso era muito bom".

O orgulho de ver o resultado do trabalho publicado no dia seguinte, principalmente quando era um furo, indica quanto Aleixo prezava o sentido de equipe. "Eu falava sempre com o Marquinho: a *nossa* matéria. Porque eu participava, eu corria, ora, eu arriscava a minha vida e a deles pra chegar lá. Então era a *nossa* matéria."

Quando ainda trabalhava no Rio, durante um plantão de fim de semana, Aleixo saiu com uma repórter de economia, muito bem-arrumada – em plantão é assim, vai quem estiver livre na hora –, para cobrir um crime na favela do Lixão, em Bangu: um sujeito havia atirado na mulher, no sogro, incendiado o barraco e estava sendo perseguido pela polícia. "Nós fomos o primeiro carro a chegar lá. E ela, novata, sem saber nada de polícia, correndo na favela, e aquele incêndio, ela com um salto alto deste tamanho, toda parecendo madame, imagina... Aí, de repente, um tiroteio no alto da favela, um polícia acerta o cara. Eu tô perto do carro, pego o telefone, ligo pra chefia e conto o que aconteceu. Daí a pouco chega ela, suando pra caramba. 'Onde é que tu tava?' 'Tava passando um flash.' Hehehe..."

Sua tese de que o motorista é o segundo olho do repórter foi ratificada em uma reportagem na 64ª DP, em Vilar dos Teles, distrito de São João de Meriti, na Baixada Fluminense:

o repórter Marcos Nunes estava falando com o delegado e o motorista, do lado de fora, viu uma mulher chorando. Foi conversar com ela e descobriu que era a mãe do morto, justamente o "personagem" que o repórter queria entrevistar. "Eu subi e fui falar com o Marquinho. Ele veio, entrevistou ela, conseguiu até foto."

Aleixo também já publicou fotos, que, entretanto, saíam com o crédito do repórter, porque na época o jornal não assinava a eventual colaboração do motorista. A mais importante foi a de dois presos acusados pelo sequestro e morte de uma mulher em Nilópolis. "O fotógrafo teve de ir embora antes, e eu lá, com a minha maquininha. Já conhecia o delegado, ele mandou tirar os caras da carceragem e colocar debaixo daquele brasão. E eu ainda peguei a foto da mulher e copiei. Ninguém tinha, só nós."

A máquina era uma Canon automática, sem grandes recursos, mas "dava para o gasto". E certos macetes Aleixo aprendeu com o fotógrafo Eurico Dantas, hoje aposentado. "Eu gosto daquele velho pra caramba. Já tem cinquenta anos de jornalismo. Me ensinava muita coisa."

Foi com Eurico, aliás, que Aleixo saiu para fazer uma reportagem que era a cara do *Extra*: uma pauta sobre um casal que estava noivo havia 35 anos e nada de casar. Aleixo os conhecia e teve a ideia de sugerir a história para o Dia dos Namorados. A chefia gostou, e Eurico se entusiasmou a ponto de passar em um supermercado e comprar bolo e velas para ajudar a montar o cenário. O repórter, porém, era daqueles que já saem da redação a contragosto. "O *Extra* ia investir legal nessa matéria, ia ser uma domingueira, mas o repórter já saiu derrubando." Como não encontraram o casal na hora marcada, a matéria não foi feita.

O curioso é que, ao chegar à redação, o repórter ainda pediu um "bonde" ao motorista, para levá-lo a Niterói, onde morava. "Eu disse: 'Não faço táxi, não, amigo. O carro aqui é pra fazer serviço do jornal'."

De fato, nem sempre é assim: quando existe uma relação de camaradagem, o motorista costuma quebrar o galho dos jornalistas. No entanto, alguns abusam e o tratam como se fosse seu motorista particular. Consideram-se superiores e costumam ser os de pior trato, até mesmo na própria relação com o trabalho. "Tem repórter que é horrível de se trabalhar. Que não gosta de ser repórter, não sei por que tá ali… Fica no celular direto, discute com a mulher, discute com a mãe, discute com o banco… Não dá nem bom-dia, já vai pra rua contra a vontade e quer descarregar em cima de você e do fotógrafo. Cansei de presenciar briga no carro por causa disso. Porque eles acham que você é um nada. Não te respeitam como profissional. Tem repórter que quer que você leve ele pra casa, pra tomar banho, pra levar filho na escola, pra fazer compra… Ah… É que eu era ruim de manobra pra caramba, não fazia isso, não."

Aleixo teve importante papel também em um episódio fora do trabalho de reportagem: foi quando o jornal enfrentou um processo da Polícia Militar por causa de uma matéria que criticava a corporação. Havia uma audiência em Campos, no norte fluminense, com quase quinhentos PMs, marcada para as nove da manhã. "O advogado, que hoje é meu amigo, falou:

'Aleixo, é contigo mesmo'. 'Pode correr, doutor?' 'É contigo mesmo, não quero nem ver.' 'Então, seja o que Deus quiser.' Eu tava com um 1.6 novinho, larguei o aço pra Campos. Quando chegou em Casimiro de Abreu, tinha um engarrafamento, joguei no acostamento... Quando pegava uma reta, eu ia a uns 160, 170 quilômetros por hora. Palavra de honra. Nós chegamos em Campos faltando quinze minutos e fomos pra audiência. Parei o carro, o advogado saiu correndo, foi o tempo de pegar as malas, os processos eu ajudei a botar lá dentro. Quando a juíza sentou, o advogado chegou."

Quase um mês depois, o chefe de transporte o chamou, mostrando uma multa astronômica para a época: R$ 645. Ele se justificou, mas a empresa não queria se responsabilizar. Aleixo telefonou para o advogado: "'Doutor, lembra daquele dia? Não falei que ia dar galho?' Ele disse: 'Não te preocupa'. Ligou pro jurídico do jornal, eu fui trabalhar, quando cheguei à tarde tinha um elogio deste tamanho pregado na porta pra mim. E os colegas sacaneavam: 'Nossa, o Aleixo é o único motorista que é multado e ainda é elogiado!'".

Expansivo e bem-humorado, Aleixo cultiva um senso de companheirismo que se manifesta na preocupação com o bem-estar dos colegas em momentos de necessidade, como o vivido durante a espera do desfecho de um sequestro, em Magé (RJ). Repórteres, fotógrafos, motoristas e policiais da Divisão Antissequestro (DAS) estavam em um sítio que servira de cativeiro. Alguns sequestradores já estavam presos, mas outros haviam abandonado a casa e fugido com a refém quando ouviram os helicópteros.

A perspectiva era virar a noite ali, e a fome começou a bater. Aleixo foi assuntar na cozinha, viu que tinha panela e macarrão, pediu autorização ao delegado e logo preparou uma macarronada para o pessoal. "Não tinha prato, foi macarrão no copo, o Gilson [motorista da sucursal carioca de *O Estado de S. Paulo*] pegou casca de cana e fez uns palitinhos. Tinha uma repórter que hoje tá na *Globo*, muito novinha, muito fresca, 'Ai, não vou comer'... Eu sei que depois ela deixou de frescura e caiu dentro." Aleixo se diverte: "Eu sou o cozinheiro oficial da DAS!".

O sentimento de solidariedade se revelou também em um episódio que marcou sua vida: foi quando o repórter Marcos Nunes, atrás de uma pauta sobre a fome que afetava as crianças da Baixada, descobriu uma creche em más condições, em São Gabriel, no município de Duque de Caxias. "Eu nunca tinha visto um repórter chorar, eu quase chorei também. Era um lugar horrível, as crianças muito, mas muito debilitadas. O Gustavo fez as fotos, o pessoal na redação ficou horrorizado. Aí fizemos uma vaquinha, compramos uma montoeira de fraldas, comida, eu enchi o Gol e levei pra lá. Adotamos essa creche, ficamos uns dois anos cuidando deles." Aleixo interrompe a entrevista para buscar o recorte da matéria publicada pelo jornal, que mantém colado com fita adesiva no armário de seu quarto. "Olha aqui as minhas crianças." Tempos depois, a creche passou a ser apoiada por uma ONG estrangeira.

Nascido em Teófilo Otoni (MG), em 1955, Aleixo tinha apenas 4 anos quando foi para o Rio com a família. Criado em Bangu, onde mora até hoje, lamenta não ter continuado os estudos: fez apenas o primeiro grau (o equivalente ao atual ensino fundamental). Passou por vários empregos antes de trabalhar com reportagem: foi cobrador de ônibus, motorista de diretor de revista, funcionário de fábrica de bolsas de luxo – onde era uma espécie de faz-tudo, porque dirigia, fazia faxina, pagava contas, consertava máquinas e até ajudava a cortar peças de couro – e motorista de caminhão.

Seu penúltimo emprego foi em uma transportadora que, entre outras atividades, prestava serviços ao *Globo*. Para complementar o salário, ficou seis anos entregando jornal de madrugada, até ser efetivado no setor de distribuição. Quatro anos depois, foi transferido para o que seria o futuro *Extra*.

Pelos quinze anos de empresa, recebeu broche e diploma. Resultado provável da rotina diária ao volante e das muitas horas extras, ganhou também oito hérnias de disco, que o obrigaram a sucessivas operações na coluna e acabaram por levá-lo a encerrar a carreira mais cedo, aos 50 anos. A aposentadoria é razoável, quase R$ 3 mil, mas lhe dá muita tristeza. Quando visita o jornal, não tem coragem de subir até a redação: não quer que o vejam puxando da perna, às vezes precisando usar muleta.

Casado, com três filhos, dois netos, mantém seu carro, um Gol, estacionado na frente de casa, apenas para circular pelas ruas próximas e fazer compras. Sente muita saudade do convívio com os colegas e com seus companheiros de reportagem. Mas a tristeza logo se dissipa quando fala das reuniões que organiza em casa, em um quintalzinho nos fundos, equipado com dois freezers e um armário com todos os apetrechos de cozinha. Mostra com prazer os panelões, onde faz cozidos, rabadas, mocotó, vaca atolada, e a parede branca, que aos poucos vai se enchendo de dedicatórias dos amigos. "Quando eu tô com muita saudade deles, eu telefono. Basta ligar pra um, que daqui a pouco tá todo mundo sabendo: sábado tem festa na casa do Aleixo!"

Jorge Ulyces Alves: irreverência e companheirismo no comando das "sigilosas"

São breves minutos, mas o registro é fundamental: em seu depoimento para o documentário *Abaixando a máquina: ética e dor no fotojornalismo carioca*, de Guillermo Planel e Renato de Paula, lançado em 2007, o fotógrafo Domingos Peixoto presta uma homenagem a seus "anjos da guarda", os motoristas Jorge Ulyces Alves, do *Globo*, e Noel Messias, do *Extra*, apresentando-os enquanto aguardavam uma ação policial na entrada de um morro do subúrbio do Rio. É uma cena rápida, em que ambos contam como se desdobram para ajudar a reportagem, avançando sinal, subindo em calçada, ultrapassando o limite de velocidade, o que for preciso para chegar a tempo.

Os comentários, a propósito, causaram surpresa, porque, pouco tempo antes, a empresa responsável por ambas as publicações havia baixado uma norma exigindo o estrito respeito às leis do trânsito, o que, em tese, seria uma determinação redundante, mas que, no trabalho de reportagem, pode ser questionada por causa do tipo de atividade realizada por um jornal.

Ulyces tem sua versão para a mudança de hábito. Diz que, quando O *Globo* começou a terceirizar a frota, nos anos 1990, as placas eram de Curitiba e a arrecadação de multas não era unificada nacionalmente. "Então, podia vir multa à vontade que um Estado não arrecadava para o outro. Eu até brincava quando o guarda me anotava: 'Joga no bicho!'. Mas, depois que unificaram a arrecadação, a coisa ficou feia, eu parava e perguntava se não dava pra quebrar o galho."

Ulyces foi o grande parceiro de Domingos: começaram praticamente no mesmo período na reportagem de cidade, em meados da década de 1990, e entravam no primeiro horário, às seis da manhã. Essa coincidência sempre ajuda a formar as equipes, porque as saídas são determinadas de acordo com a escala, mas o convívio dos dois evoluiu para uma relação de amizade, tanto pelo gosto por matérias de polícia e denúncia social como pela origem semelhante, ambos nascidos e criados na Baixada Fluminense: Ulyces, em Mesquita; Domingos, em São João do Meriti.

Na reportagem, ele sempre usou carro sem letreiro. "Parecia até carro de polícia, quatro portas e aquele antenão atrás, que antigamente o rádio era assim. Várias vezes a PM até batia continência na rua, pensando que era carro da P2 [Inteligência da Polícia Militar], eu sempre usei o cabelo baixinho... e, quando parava o carro na blitz, eu mostrava o crachá, era liberado." Tornou-se especialista em cobertura de tiroteios, perseguições policiais e matérias de investigação delicada – as "sigilosas". Aprendeu a lidar com carro blindado em uma emergência: teve de substituir um colega, viu que eram só dois pedais, o colega lhe disse apenas para acelerar e frear. "Na primeira freada, quase o pessoal saiu pela janela, porque a blindagem deixa o carro mais pesado, mas não muda o sistema de freio."

No meio de um tiroteio, Ulyces se virava como os demais motoristas, procurando um local seguro para estacionar. Mantinha a calma e até ria da situação: certa vez, quando repórteres se aglomeravam atrás de um caveirão (o carro blindado da PM) para se defender – uma cena que Domingos documentou, em uma foto que ficou famosa –, Ulyces estava dentro do carro, "deitadinho, com o banco arriado, só ouvindo os tiros".

Essa foi uma das muitas aventuras que viveu com seu parceiro de sempre. Em outra, teve de voar até Campos, no norte fluminense – a 140, 160 quilômetros por hora na estrada –, para chegar a tempo de pegar uma violenta manifestação com pessoas armadas de coquetel molotov em um posto de gasolina. "Normalmente, a gente vai em três horas e meia do Rio a Campos. Eu fiz em duas horas e vinte. Ainda pegamos o cara com a bomba no posto de gasolina, aquela tensão toda."

Na época, as câmeras ainda utilizavam filme, era preciso revelar, e lá foi Ulyces à loja no centro da cidade. "O pessoal descobriu que eu era do jornal e, quando eu chegava, queria saber o que tava acontecendo. Era um troca-troca: eu contava e eles me deixavam passar sem entrar na fila. Nós chegamos às nove da manhã e fomos comer lá pela meia-noite."

Em outra ocasião, Ulyces divertiu-se com o conflito entre o fotógrafo e uma jovem repórter, na expectativa do estouro de um protesto de traficantes do morro da Providência, no centro do Rio, que haviam filmado policiais recebendo propina. Domingos quis ir bem cedo para tentar obter a fita. Não conseguiu: eles já a haviam encaminhado à TV Globo. Frustrado, ainda assim ele foi com a repórter conversar com os traficantes em um beco e apuraram toda a história. Na volta para o carro, a repórter comentou: "É, não acontece nada…".

Ulyces lembra como se fosse hoje. "O Domingos ficou furioso. Rolou uma discussão até que ela disse: 'Tá legal, eu vou escrever, mas não me cobre entusiasmo'." Dali a pouco estourou o tumulto. "Os caras desceram cheios de cocaína, com o nariz escorrendo, e começaram a queimar ônibus. Eu lá encostado no carro, 'Esse carro é da casa, hein, gente!', e os caras quebrando tudo em volta. E essa repórter saiu correndo pra se proteger lá na Central. Depois tudo acalmou, ficou só um ônibus pegando fogo." Foi essa a foto-símbolo do tumulto. Pouco depois, a repórter reapareceu. "Eu disse: 'Tá sentindo emoção agora?'. O Domingos riu pra caramba."

Na sala de sua casa, o motorista exibe a foto premiada que o amigo lhe ofereceu: um mergulhão completamente coberto de óleo, de bico escancarado e olho arregalado, mal conseguindo abrir as asas em seu desespero em busca de socorro e ar, vítima de um vazamento na baía. Lê a dedicatória: "Com carinho, para o companheiro de luta Ulyces, Prêmio Firjan 2005". Domingos lhe deu também uma parte do valor do prêmio e o convite para o churrasco de comemoração, no restaurante ao lado do jornal.

Se nessa ocasião, entretanto, ele apenas conduzia a equipe, em outra, sua participação foi muito importante para o flagrante de um PM extorquindo o dono de uma carreta. Daquela vez, ele acompanhava o fotógrafo Marcelo Carnaval. "Ligaram pro jornal denunciando que um PM tinha prendido o documento do motorista da carreta e que ia liberar tal dia e tal hora se o dono arrumasse o dinheiro. Aí o Carnaval ficou no carro com aquela lente de pegar elefante pela janela, e eu fazendo a paredinha pra ninguém ver lá dentro. Ele pegou o cara dando dinheiro pro PM, que depois passou pertinho da gente e nem notou, a lente já tava com uma camisa por cima. Deu primeira página essa matéria."

Carnaval também soube reconhecer a ajuda. Um belo dia, apareceu na sala dos motoristas e lhe desejou feliz aniversário. Ulyces estranhou, não era aniversário dele, mas entendeu quando viu a nota de R$ 100 que recheava o aperto de mão.

Às vezes se frustrava. Via alguma cena importante, chamava o fotógrafo – "Era pra só ele fazer a foto, furo de reportagem!" – e este avisava os colegas. "Eu ficava danado... Então eu chamo e ele ainda segura a escada pro outro subir? Mas é que vários colegas são muito amigos, não gostam de fazer as coisas sozinhos."

Entre motoristas também havia muita solidariedade, mas não em perseguições policiais. "Aí, não tinha colega. Principalmente com a TV Globo. Motorista da TV Globo é estrela, não fala com motorista de reportagem normal. Eles não são motoristas, são ajudantes de cinegrafista, ganham 40% a mais pra dirigir. Ficavam pedindo passagem pra filmar, batiam na porta, jogavam o carro em cima, mas a gente embarreirava. Porque eles achavam que eram o papai rico, e a gente era da mesma firma e não deixava passar."

Até chegar a esse nível de perícia e parceria, Ulyces penou. Em 1980, depois de alguns anos trabalhando como lavador de carros em uma concessionária, conseguiu uma vaga no Infoglobo como manobreiro. Depois passou para o serviço de transporte de jornalistas e demais funcionários, em uma Kombi que circulava do metrô da Praça Onze até a sede. "Fiquei três anos e pouco nesse pedaço, até os cachorros me conheciam. Um quilômetro pra lá, um quilômetro pra cá, tinha hora que a perna não aguentava mais." No início da década de 1990, foi transferido para o "Jornal de Bairros", espécie de estágio dos motoristas da empresa, que assim começam a transitar melhor pela cidade.

Na época, não conhecia nada do Rio. Tanto que passou por maus bocados quando ainda estava no circuito da Kombi: como esse serviço só funcionava nos dias úteis, nos fins de semana ele fazia plantão no esporte. Em um desses dias, levou um fotógrafo para um concurso de hipismo na Barra da Tijuca e teve de voltar sozinho trazendo o filme para revelar com antecedência.

Quem trabalhou no *Globo* sabe como Roberto Marinho era apaixonado por cavalos e como os jornalistas responsáveis por essa área deveriam ser zelosos na cobertura, especialmente quando competia a égua Miss Globo. Pois bem, Ulyces saiu da Barra às três da tarde, passou pela Lagoa, seguiu pelo Aterro do Flamengo... e se perdeu. "Eu não sabia mais onde estava, quase sentei no meio-fio pra chorar. Aí vi um sujeito andando, perguntei: 'Pra onde tu vai?'. E ele: 'Pra Lapa'. Lapa? É onde tem aquele negócio [os Arcos] que passa o bonde em cima. É caminho pro jornal. Quando cheguei na Lapa, quase expulsei o sujeito, porque não podia dar carona, e cheguei no jornal sabe que horas? Seis e meia da noite." Chegou ao mesmo tempo que o fotógrafo, que perguntou se estava tudo certo com o filme. "Não, o filme tá aqui ainda, eu me perdi.

O cara deu um pulo, arrancou o filme da minha mão, eu pensei: 'A égua do homem... Agora é que eu vou ser mandado embora!'. Mas acabou dando tempo, graças a Deus."

Mesmo depois de ficar mais seguro a respeito das rotas da cidade, Ulyces demorou a se acostumar com a rotina. "Eu tinha um medo de reportagem! Quando eu olhava na escala e via meu nome na 'Rio', eu nem dormia direito, porque os colegas me amedrontavam, o Jorge PQD, o Bento, o Maurição... Quando eu ouvia eles conversando sobre o que tinha de fazer, subir em calçada, avançar sinal, eu ficava tremendo, né... minhas mãos chegavam a suar." Depois se envolveu de tal modo que não queria outra vida. E vivia de um polo a outro: da rotina dos tiroteios a viagens nas quais podia aproveitar bons hotéis e restaurantes.

Ulyces também se divertia ao presenciar certos desvios de rota. Um dia, saiu para uma "ronda", à cata de algo relevante para virar notícia, e o fotógrafo aproveitou para ir a Mesquita, na Baixada, onde precisava fazer um serviço particular. "Ronda no *Globo* era só na zona sul, que é onde vende jornal, né? Na Baixada ninguém compra O *Globo*, é só o *Extra*. E a gente aqui em Mesquita."

Na volta, bastaria dizer que não haviam encontrado nada de interessante e pronto. "Aí, toca o rádio do carro, é a chefia de reportagem chamando. Eu perguntei ao fotógrafo: 'O que é que a gente faz?'. E ele: 'Não atende, não atende!'. E eu apressando: '*Vambora, vambora*...'. Ele terminou o que tinha de fazer e a gente veio voando pela avenida Brasil, até que vimos um acidente e ele fotografou. Foi a sorte, ele conseguiu justificar."

Em outra ocasião, viveu uma incrível história de pescador. Apareceu um tubarão no Posto 12, no Leblon. "Fomos lá fazer foto, era um tubarão deste tamaninho. Aí o fotógrafo falou: 'Ulyces, topa comer uma caldeirada lá em Barra de Guaratiba?'. Claro que topei, né? Mas aí a chefia começou a chamar: 'Que demora é essa?'. Sabe o que o fotógrafo falou? Que ainda estava lá porque o pescador disse que corria o risco de ter uma criança na barriga do tubarão!" Claro que o chefe levou na brincadeira.

Por mais que tenha enfrentado situações de alto risco durante o exercício da profissão, foi no ônibus, entre a casa e o trabalho, que Ulyces sentiu a morte de perto. Sofreu três assaltos. Em um deles, escapou por pouco: jogou-se debaixo da poltrona da frente, "feito aqueles filmes da Pantera Cor-de-Rosa, quando a pessoa vira um tapete". O passageiro que estava ao lado dele foi atingido e morreu. "Eu, agachado embaixo do banco, aquele cheiro de pólvora entrando pelo nariz, me deu uma sede... Nessas horas você até aprende a rezar." Evangélica, a mulher, que assiste à entrevista, repete com tranquilidade o que ouviu do pastor de sua igreja: "Ali onde existe um homem justo, Deus guarda a vida desse homem".

Ulyces e Sheila se casaram muito jovens, ele com 18, ela com 16. Têm três filhos, três netos e muitos parentes, que, nos feriados, lotam a casinha em Conceição do Jacareí que o motorista comprou e ampliou para receber a família. Foi ele mesmo quem pôs a mão na massa, do mesmo jeito que reformou a casa onde mora, no fim de uma rua de terra em Nova Iguaçu, acesso difícil para quem não conhece o lugar. O térreo ainda está na alvenaria, a escada, ainda sem revestimento, mas o segundo andar é uma beleza. "Essas janelas, portas, foi tudo eu que botei. Chegava do jornal, trocava de roupa, fazia a massa... cada dia um pouquinho. Agora mesmo, se vocês tivessem chegado mais cedo, iam me pegar todo sujo, eu estava emboçando a casa da minha irmã." Ao lado da porta de entrada, fez questão de pendurar um quadro com o emblema do Flamengo, seu time do coração.

O pai era pedreiro e lhe ensinou o que sabia. A mãe, ainda viva, aposentou-se como passadeira em firma de confecção. A infância toda foi muito pobre: a casa não tinha mesa para refeições. Nem cama. Os seis irmãos – um deles, de criação – dormiam em esteiras. "O cobertor era aquele 'peleja', sabe? Aquele baratinho. Que um puxa pra cá e outro puxa pra lá, por isso, 'peleja'."

Esses tempos ficaram para trás, mas alguns hábitos permanecem. A mulher oferece bolo com refrigerante e Ulyces pega seu pedaço em um guardanapo, sentado no sofá. Mesmo durante as refeições comuns é assim, apesar da mesa nova de seis lugares. "Eu como com o prato na mão, vendo televisão. Me acostumei."

Aos 51 anos, Ulyces já está aposentado. Escapou da demissão em massa de fevereiro de 2006, mas saiu em 2009, com outro colega que também não se adaptou à nova chefia de transporte, sobretudo por causa da restrição às horas extras. Os dois entraram com um processo contra a empresa, argumentando que correram riscos porque o equipamento de segurança não os protegia das balas de fuzil.

E é esse equipamento de segurança que produz uma imagem emblemática no documentário do qual o motorista participou brevemente. Em uma cena que na edição final acabou cortada, Ulyces exibe e veste o colete à prova de balas com a inscrição "imprensa". Em casa, lembrando-se da cena e de seu possível significado, ele revela um sentimento de mágoa comum a muitos de seus colegas. "Tu pega o jornal e vê: foto de fulano, reportagem de sicrano, o nome dos dois que estavam contigo e o teu tu não vê em lugar nenhum. Então a gente se sente um pouco assim, sabe?"

João Batista de Oliveira: "A gente se sente participando da história"

A parceria com o fotógrafo Custódio Coimbra para capturar a imagem dos bondinhos do Pão de Açúcar cruzando-se diante da lua cheia é uma das boas recordações que João Batista de Oliveira carrega de seus tempos do *Globo*, onde iniciou a carreira, primeiro como autônomo, depois como contratado. Carioca "da gema do ovo", nascido em 1961, no bairro da Pavuna, criado em Nova Iguaçu e atualmente morador do Méier, zona norte do Rio, logo que deixou o quartel foi trabalhar para o jornal, aos 19 anos, como prestador de serviços na locadora Ratinho Transportes.

No começo, era ajudante de caminhão, depois fazia cobranças, até que apareceu uma vaga para distribuição do jornal, de madrugada. "Eu dirigia uma Kombi velha, dessas que a gente andava e a porta abria. Já praticamente dormia no carro, tinha escova de dente, toalha, tudo. Aí peguei esse serviço. Dormia pouquíssimo, porque precisava fazer dinheiro."

Acumulou essa função com a de motorista da recém-criada editoria "Bairros". Mais tarde, conseguiria comprar o próprio carro, mas continuou vinculado à locadora. "Fiquei lá uns quinze anos, até que o Ratinho me indicou para trabalhar no *Extra*, que nem tinha sido lançado e ainda não tinha nome, a gente chamava de 'Jotapop', jornal popular." A produção era toda experimental, ficava na gaveta. "Tinha muito estagiário, pessoal recém-saído da faculdade, e eles escolhiam alguns motoristas mais experientes para trabalhar com esses garotos."

Dessa época ele se recorda de uma passagem em que bancou o tio protetor, quando saiu com três recém-formadas para uma pauta sobre o cotidiano dos evangélicos durante o Carnaval. "Eu levei elas naquela igreja da Universal da antiga avenida Suburbana. Falei: 'Vocês tiram o crachá', que na época era do *Globo*, porque ainda não tinha o *Extra*, 'entram lá, sentam, assistem ao culto, mas não falam que é do *Globo*', porque na época já tinha essa guerrinha do *Globo* com o bispo Macedo que tem até hoje."

Só que uma das meninas esqueceu de tirar o crachá, algumas pessoas viram e elas saíram correndo. "Batista, *vambora, vambora*…" Mas ele insistiu. "Vocês querem fazer a matéria, não querem?" Então, foi a outra igreja e inventou a história: "'Eu estou aqui com três sobrinhas que estão na faculdade e precisam fazer uma reportagem assim, assado…' Aí foram chamar o pastor, o pastor autorizou. Elas foram lá, eu tirei os crachás e botei no carro, o carro não estava identificado, as meninas fizeram a matéria, me agradeceram. Ainda fomos em mais duas igrejas, com a mesma história. Uma das repórteres até hoje lembra disso e fala: 'Santo Batista!'".

Como os colegas bons de volante, ele dava seu jeito no trânsito. "Motorista de redação tem que saber pelo menos alguns atalhos. Não vai ficar naquela lenga-lenga de engarrafamento, porque senão você perde a matéria, perde a foto… Você tem que fazer a sua parte, e a sua parte é chegar ao local o mais rápido possível."

Isso significa, eventualmente, infringir as leis do trânsito. "Às vezes não tem jeito, precisa subir numa calçada, pegar uma contramão... Uma vez, lá em Minas, acompanhando o Lula, de repente os carros voltaram na contramão. Eu tava atrás da comitiva, tinha que ir atrás. E o guarda lá apitando, mas que é que eu podia fazer?" Em outros tempos, no caso de transferências de presos, os motoristas cansaram de passar pela pista seletiva da avenida Brasil. "É contra a lei, mas todo mundo fazia. E os caras [os guardas] faziam vista grossa também, sabiam que a gente estava trabalhando, então nem multavam."

Depois de tanto tempo como autônomo, Batista conseguiu ser contratado pelo *Globo*. Quando lhe perguntaram em que setor queria trabalhar, não teve dúvida: a editoria "Rio". "Porque eu nunca gostei de fazer perfumaria. Sempre gostei da parte policial, de subir morro, ir atrás de comboio. É adrenalina a mil, é disso que eu gosto. Depois, nessa editoria você não tem paradeiro certo, tá aqui e acontece alguma coisa lá, e você sai correndo, é sempre uma novidade."

Gostava de colaborar com a reportagem, observando o que acontecia por um ângulo diferente. "Quantas vezes você tá fazendo uma matéria numa delegacia, tá do lado de fora e vê o cara saindo lá atrás, e você avisa, e o pessoal sai correndo pra fazer a foto... Ou você tá numa favela e se enturma com o pessoal e começa a apanhar mais coisa que o próprio repórter, porque eles falam pra você, mas não falam pro repórter. E aí você dá o toque pro repórter levantar se é verdade ou não. Isso é que é legal."

Após dez anos com carteira assinada, a decepção: ele estava entre os dezesseis demitidos no corte radical que a empresa fez no setor de transportes, em 2006, substituindo parte dos contratados por terceirizados. "Foi a maior frustração da minha vida, e eu falo até com um pouco de mágoa, porque trabalhar lá sempre foi um sonho, eu tinha um ideal ali, queria continuar minha carreira no jornal até me aposentar. A minha filha fez faculdade graças ao *Globo*, eles pagaram 70% da mensalidade, eu sou grato por isso. E de repente acaba tudo."

Batista demorou a entender o que ocorreu. "Foi numa quinta-feira, dia 2 de fevereiro, véspera do aniversário da minha mulher. Fomos lá pro auditório, fomos chamados todos juntos, aí tiraram os crachás da gente e falaram que no momento não iam mais precisar do nosso trabalho, que iam tentar colocar a gente no mercado, mas isso é conversa pra amenizar a dor, né? Aí descemos, fomos pro bar, os repórteres souberam e desceram também, os que eram mais chegados choravam… Isso foi na quinta. No sábado, que era meu plantão, eu levantei, comecei a me arrumar e a minha mulher falou: 'Você vai aonde?'. 'Eu vou trabalhar.' 'Tu tá maluco, tu não tem noção, tu foi demitido…' Aí é que a ficha caiu. E eu chorei igual criança."

Apesar da tristeza, ele não ficou nem uma semana desempregado: na segunda-feira seguinte já estava prestando serviços para *O Dia* e para a *Folha*. Mas eram atividades eventuais e Batista passou algum tempo como motorista de madame. Não aguentou. Conseguiu comprar um carro e voltou ao *Globo* como autônomo, novamente por intermédio da Ratinho Transportes, até que, em fevereiro de 2011, fixou-se na *Folha*, pela locadora do motorista Paulo Inácio Andrade, o Paulão, que presta serviços ao jornal há muitos anos. Mesmo de folga, ofereceu-se para trabalhar quando ocorreu a ocupação da Mangueira para a instalação de uma Unidade de Polícia Pacificadora (UPP). Paulão rejeitou: "Vá descansar, você só pensa em trabalhar…". "Mas é que tá no sangue, entendeu? Eu gosto, não quero perder o momento. A gente sente como se estivesse participando da história."

Paulo Roberto da Silva: de terno e gravata, saudade dos tempos da "pauleira"

Desde que começou a trabalhar como motorista profissional, logo que deixou o serviço militar, Paulo Roberto da Silva passava pelo viaduto da Perimetral, no centro do Rio, e ficava admirando aquele enorme caixote de concreto e vidro. Pensava: "Um dia ainda vou trabalhar ali". Mandou seu currículo e, tempos depois, ao chegar em casa, nem acreditou quando sua mãe avisou-o do telegrama convocando para um teste. Entre cinquenta candidatos, conquistou uma das três vagas e realizou o sonho: entrar para o *Jornal do Brasil* e, melhor ainda, ir direto para a reportagem.

O problema era que Silva não conhecia nada da cidade, muito menos do centro e da zona sul, a principal área de cobertura do jornal. Nascido em Vila Velha, no Espírito Santo, ainda criança se instalou com a família em Caxias, na Baixada Fluminense, onde ficou trabalhando em uma oficina de carro com o irmão mais velho. Foi ali que aprendeu a dirigir, mas andar pela cidade era outra coisa. Decidiu pegar sua moto nos fins de semana de folga e circular pelas principais ruas, parando e anotando tudo para fazer um mapa, que estudava meticulosamente quando chegava em casa.

Foi isso, mais os conselhos dos colegas, em especial Padilha, já falecido, que lhe deu confiança para encarar o trabalho. "Por exemplo, em favela você nunca pode parar o carro de frente, tem que parar sempre de ré e calcular uma rota de fuga, porque, se o bicho pega, você tem que sair voando, não pode perder tempo em manobra. Outra coisa: se você chega numa favela e vê o pessoal todo no meio da rua, quer dizer que não tem polícia. Se não tem ninguém, é porque a polícia tá na área."

Outros macetes aprenderia depois, quando se transferiu para O Dia e para a rotina de perseguições policiais. "Os carros eram 1.0, mas a gente fazia milagre. Eram carros a gás, a gente jogava pro álcool. Se pegasse uma reta como a [avenida] Brasil, não dava, mas no trânsito... e geralmente o trânsito tá ruim. Mas tinha que colar o tempo todo nos policiais, se ficasse um pouquinho afastado e entrasse alguém na frente, aí já era. Então era uma adrenalina danada, tu ficava ali o tempo todo ligado."

A linha editorial do *JB* não comportava muita pauta de morro, porém cobria campanhas de políticos, que, inevitavelmente, subiam o morro. Em uma delas, Silva estava com o repórter Marcelo Ahmed, que recorda a intervenção decisiva do motorista. "Nós estávamos fazendo a cobertura de um político em campanha, acho que era o Garotinho, e entramos numa favela sem fotógrafo. De repente começou a rolar um tiroteio e eu tava lá no meio, sem saber o que fazer, porque não adiantava estar ali sem fotógrafo, mas nesse meio-tempo o Silva já tinha passado um rádio para a redação – ainda não havia celular, a comunicação era pelo rádio do carro –, pedindo um fotógrafo." Ahmed destaca essa iniciativa como um exemplo de motorista participativo, atento ao que está acontecendo em volta. O episódio, aliás, virou motivo de brincadeira na redação. "Quando a gente voltou, o pessoal ficou falando: 'Aí, ó, vamos contratar o Silva e demitir você…'."

O motorista passou outro aperto em uma ocasião que, em princípio, não apresentaria risco: uma reportagem na empresa de engenharia que estava começando as obras da Linha Vermelha. O acesso era pela favela Parque União, na Maré, na entrada da Ilha do Governador. "Quando a gente entrou, antes de chegar no canteiro de obras, os caras renderam a gente. E nós com carro sem adesivo. Eles cismaram que a gente era polícia. Mandaram chamar o chefe, a repórter mostrou o crachá e eles disseram: 'Polícia também tem isso aí'. E agora?"

A equipe foi obrigada a descer do carro e ficar dez minutos aguardando. Se nesse intervalo não entrasse nenhum carro de polícia, tudo bem. Do contrário, estariam todos mortos. "Botaram a gente sentado numa birosca, aí veio um cara com um saco de maconha, de cocaína, e disse: 'Ó, pode ficar à vontade aí, se quiser tem cerveja…'. Pô, foram os dez minutos mais longos da minha vida, eu fiquei rezando pra nenhuma polícia entrar. Nessas paradas eu me lembrava muito da minha filha, na época ela era novinha. Graças a Deus não entrou ninguém e o cara liberou a gente. Mas eu não tinha a menor condição de ir em frente, dali mesmo a gente voltou."

Silva permaneceu no *JB* entre 1985 e 1997, quando a empresa, já em decadência, começou a enxugar o quadro. Ele foi dos últimos motoristas a sair e ficou muito abalado, a ponto de prometer à mulher nunca mais trabalhar em redação. "Jornal é assim, você não tem hora, e a minha esposa já não aguentava mais, nem no fim de semana ela tinha marido." A promessa, porém, não durou nem um mês. Procurado por uma jornalista que o havia conhecido no *JB* e estava na chefia de reportagem do *Dia*, ele acabou voltando à ativa. "É que jornal é uma cachaça, você não consegue deixar. Além do mais, eu não podia ficar sem trabalhar, tinha de sustentar a família."

No *Dia*, onde era chamado de Da Silva, para se diferenciar do colega de mesmo sobrenome, começou a fazer mais pautas sobre violência urbana, de acordo com a linha editorial do jornal. Como era previsível, os apertos se multiplicaram. Ele se recorda de dois. O primeiro resultou da imprudência do repórter, já veterano, mas psicologicamente abalado desde que, anos antes, fora trocado por um refém em um episódio de sequestro, escapando por pouco da morte. Esse repórter, deslocado para a radioescuta – o serviço em que o jornalista fica ouvindo rádio e fazendo a ronda das delegacias para selecionar o que pode dar desdobramento –, teria identificado algo que renderia matéria e foi autorizado a sair com a equipe para o morro de São Carlos, no Estácio, onde a polícia estaria fazendo uma operação.

No entanto, não havia polícia – as ruas e becos estavam cheios de gente – e era noite de sexta-feira, quando o movimento nas bocas de fumo é intenso. Mesmo assim, o repórter insistiu em seguir. "Ele ficava cavando pauta para sair, porque a radioescuta é horrível. Eu e o fotógrafo discutimos com ele, não queríamos subir, mas ele começou a dizer que a gente tava com medo, então nós subimos. Quando chegamos lá em cima, numa curva, deparei com uns caras que pareciam mexicanos; sabe aqueles filmes que os caras vêm com dois fuzis atravessados no peito? Pararam a gente: 'Vocês pensam que vão aonde?'. E eu disse: 'O chefe da equipe é ele' – o repórter, que não conseguia pronunciar palavra. Quem desenrolou foi o fotógrafo, ele inventou que nós tínhamos ido lá por causa de uma denúncia de que a polícia estava esculachando. Eles disseram: 'Não, os vermes não estão aqui, não' – eles chamam a polícia de verme –, 'pode vazar'."

Da Silva foi manobrar o carro, mas os traficantes não deixaram: tinha de sair de ré. "Aí fui descendo devagarzinho, uma escuridão só, e o cara gritou: '*Mermão*, como é que é, tá demorando muito!', e já apontando o fuzil. Quando eu cheguei lá embaixo, não conseguia sair do lugar, as pernas tremiam, todo mundo nervoso, o fotógrafo querendo dar porrada no repórter."

O segundo episódio foi mais grave, especialmente pelo que revela dos bastidores da redação. Um repórter novato, ainda *trainee*, recebeu uma ligação de um traficante famoso na época, Celsinho da Vila Vintém, querendo entregar uma fita com denúncias sobre a atuação da polícia na localidade onde ele atuava. Como *trainee*, o repórter não poderia assumir aquela pauta, mas insistiu, e a chefe de reportagem, Vera Araújo, consentiu.

O traficante marcou um encontro em São Pedro da Aldeia, na Região dos Lagos. Naquele tempo, eram raros os celulares, e a redação se comunicava por teletrim, um aparelho que enviava mensagens de texto. "A gente foi com carro sem logotipo, mas o traficante ligava pra Verinha no jornal, dizia que já estava vendo a gente lá, dava ordens pra onde a gente devia ir. Isso durou uns quinze minutos, até que ele mandou a gente entrar na igreja. Só que, quando a gente entrou na igreja, quem chega? A polícia! Aí os traficantes falaram pra Verinha que nós íamos morrer, porque trouxemos a polícia junto. Não era verdade, mas é claro que alguma coisa vazou. E a Verinha pedindo pelo amor de Deus pra gente sair dali. Mas como é que a gente ia conseguir?"

Os três foram para a praça, a hora passando – quase um filme de faroeste ao estilo de *Matar ou morrer*, apenas com o sol já caindo –, aquele silêncio angustiante, a polícia circulando, e o carro de reportagem do outro lado da rua, inatingível. Até que um caminhão de bebida estacionou para descarregar e, com aquele escudo, repórter, fotógrafo e motorista conseguiram sair de onde estavam, entraram no carro e partiram. Seguiram desembestados pela estrada, mas o carro era 1.0, não andava. Da Silva reparou no Opala escuro que já tinha observado na praça aproximando-se cada vez mais. Começou a jogar na contramão até chegar perto do acesso à via Lagos. "Eu pensei: 'Se eu entrar nesse retão, não vai ter jeito, os caras vão pegar a gente'. Mas aí lembrei da pista velha para Iguaba, meu pai já teve casa lá, e tinha um restaurante com um estacionamento nos fundos. Entrei de repente, sem ligar a seta, por trás do restaurante, e vimos quando o Opala passou."

A equipe avisou a chefia e ficou ali por umas três horas tentando se acalmar. Na volta, quiseram investigar por que tudo deu errado, se ninguém além dos três e da chefe estavam sabendo. Descobriram que outra pessoa, contrariada por não ter sido escalada para fazer a matéria, havia contado ao irmão policial o que estava ocorrendo. Por isso a polícia chegou ali. Por isso a equipe do jornal correu risco de vida.

Trabalhar no *JB* era um sonho porque, naquele tempo, meados dos anos 1980, o jornal mantinha a aura de um ambiente agradável e pagava um bom salário aos motoristas. Além disso, havia o futebol, o churrasco das sextas-feiras... "A garagem do *JB* era ali em Benfica. Uma garagem enorme. Era tão grande que no fim do ano a gente fazia a nossa festa, tirava os carros, tirava as bobinas e jogava bola, tinha um campinho lá dentro. E ali toda sexta-feira tinha churrasco. A gente pegava cerveja fiado, porque no posto onde a gente abastecia tinha um depósito, então a gente pegava cerveja e pagava no fim do mês. Ia fotógrafo, repórter, editor, a gente até comentava que era uma família mesmo. E o pessoal dos outros jornais ia também, o pessoal do *Dia*, do *Globo*. Era uma galera muito unida."

Mais de uma década depois, no *Dia*, o ambiente era outro. Ou melhor: a época era outra. Não havia mais o futebol, o pessoal todo estava disperso, os mais novos não pareciam interessados em se reunir. Além disso, no início de sua experiência na nova empresa, havia dificuldades: durante muito tempo os salários ficaram congelados, e isso prejudicou até mesmo o convívio cotidiano, considerando a diferença de ganhos de um motorista e de um jornalista. "O pessoal gosta de comer bem, só que eles tinham tíquete e a gente não [por causa da condição de autônomo]", conta. "Teve uma vez que, num dia de pagamento, a gente estava em Niterói e foi no Mercado do Peixe. Ali é muito bom, mas é muito caro. Deu R$ 25 pra cada um.

Motorista não pode gastar r$ 25 num almoço, tem que gastar no máximo r$ 10. No dia seguinte eu saí com outra equipe, que queria comer numa churrascaria. Aí aconteceu a mesma coisa no terceiro dia, e eu tive que rejeitar: três dias seguidos não dá."

Isso, apesar de Da Silva ter sempre um dinheirinho a mais, porque batalhava muito nas horas extras, chegando, como tantos colegas, a inventar história para ficar mais tempo na rua. "Meu horário era de dez da manhã às seis da tarde, mas eu saía muito com um repórter de polícia que já não está mais aqui, a gente ficava até mais tarde na rua, e eu gostava porque dava muita hora extra. E a ordem da chefia era render o motorista pra não pagar hora extra, então eu sempre arrumava um jeito de dizer que já estava voltando pra não mandarem rendição."

Sem fazer hora extra, dificilmente um motorista se sustenta. "Tem que pagar o carro, eu hoje tenho um Corsinha 1.0 e pago r$ 700 de prestação, mais seguro. Se você não faz hora extra, não consegue."

O carro agora é para uso pessoal, mas quase não sai de casa, porque Da Silva, às vésperas de completar 50 anos, praticamente não tem tempo para si. Desde o final de 2010, está sem o cavanhaque e usa terno – quem o vê assim, elegante e polido, jamais imagina as histórias que viveu. Hoje é motorista da diretoria do jornal e dirige um Passat turbo 2.0 blindado.

Às vezes está de folga, de bermuda e chinelos no shopping com a família – mulher e dois filhos –, e precisa voltar às pressas para casa, no subúrbio de Coelho Neto, para se arrumar e sair correndo para a zona sul.

Mas tem muita saudade da redação, da "pauleira" do dia a dia. Tanto que, quando teve oportunidade – seu patrão tinha viajado para Portugal e não havia chance de ele ser convocado –, resolveu ir ao Complexo do Alemão e acompanhar de perto as operações de ocupação.

Alexander Padilha: a consciência de quem olha atrás do espelho

Quando soube do motivo da entrevista para este trabalho, o motorista Alexander Padilha arregalou os olhos e abriu um sorriso no rosto redondo, em um misto de satisfação e surpresa. "Até que enfim alguém se lembrou da gente!" De todos os que reclamaram da falta de reconhecimento, ele é quem mais reflete o espírito do poema escolhido para a epígrafe deste livro. "O jornal aqui dá um prêmio mensal, a melhor foto e a melhor matéria. Mas quem levou o pessoal até lá?"

Morador de Nova Iguaçu, 37 anos, casado e pai de uma jovem de 18, Alex atualmente presta serviços para a diretoria do jornal *O Dia*, porém viveu muitas histórias em mais de dez anos na reportagem, sempre na mesma empresa. Por isso, lamenta algumas injustiças.

O primeiro caso que lhe vem à cabeça ocorreu com o motorista Mário Marinho, que percebeu um tiroteio na avenida Brasil, na altura do bairro de Guadalupe, e parou o carro na pista central. O fotógrafo, Alexandre Vieira, documentou a sequência daquele "faroeste carioca", que resultou na morte de um suposto assaltante, e ganhou o Prêmio Esso de Fotografia de 2010. "Só conseguiram essa matéria por causa do motorista, mas ele nem foi citado na premiação. Não dizem que somos uma equipe?"

De fato, são; do contrário, qualquer taxista poderia fazer o serviço. "Todo mundo acha que é fácil, que é só dirigir, mas a vida do repórter e do fotógrafo está na nossa mão. No dia a dia, você muitas vezes tem que ultrapassar o limite de velocidade, andar a cento e poucos por hora numa perseguição, então precisa ter perícia. E na hora de entrar na favela, se você entrar no lugar errado, tá todo mundo morto. Tem que saber chegar e saber sair."

Alex também se ressentiu da falta de reconhecimento quando se dispôs a participar da cobertura do cerco a um bandido que havia incorporado o apelido do famoso Luz Vermelha dos anos 1960, porque utilizava uma mira a laser. "Eu tinha trabalhado das quatro da tarde até a meia-noite, mas dobrei meu horário para acompanhar o repórter, passei a madrugada toda lá no Jacaré, saí às sete da manhã, corri o mesmo risco que ele. Ele e o fotógrafo ganharam o prêmio interno aqui do jornal, melhor matéria e melhor foto do mês. Eu não ganhei nada." O repórter quis lhe dar parte do prêmio, porém Alex rejeitou. "A questão não é tanto o dinheiro. Dinheiro é bom, mas o reconhecimento também é *muito* bom. Reconhecer que você faz parte."

Caso raro de elogio ocorreu no flagrante de roubo de um carro na Tijuca, em julho de 2009. Na véspera, um cabo do Batalhão de Operações Especiais (BOPE) havia sido assassinado naquele mesmo local ao tentar evitar um assalto em condições semelhantes e uma equipe do jornal se deslocou para lá a fim de fazer a suíte, o desdobramento da matéria. Passava pouco das oito da noite quando Alex percebeu o grupo de bandidos, todos garotos de bermuda e chinelos, armados, cercando o veículo que estava a sua frente. Instintivamente, parou e desligou os faróis para o fotógrafo fazer a sequência de imagens que mostram os assaltantes rendendo o motorista e saindo com o carro. Uma das fotos foi destaque da primeira página do jornal do dia seguinte.

Filho de motorista que fez carreira no *JB* e depois trabalhou no *Dia*, Alex foi criado no ambiente de redação, de modo que já conhecia muito dessa rotina quando deixou seu emprego de instalador de TV a cabo e assumiu o lugar do pai, gravemente doente. "Eu comecei a vir pra cá pra ajudar meu pai, porque ele precisava pagar o carro."

O convívio com o velho Padilha, já falecido, e com outros motoristas veteranos, como Camilo, Leir e Da Silva, foi importante para entender melhor como funcionava o trabalho e saber o que se pode enfrentar durante uma reportagem, sobretudo em um jornal como *O Dia*, que dá muita importância à cobertura policial. "Atualmente o Rio está mais tranquilo, mas eu peguei uma época de tiroteio todo dia, operação policial todo dia, era uma adrenalina a mil por hora."

E gostava? "Gostava. Da adrenalina."

Não foram poucas as situações de risco. Algumas imprevistas, como a que ocorreu quando sua equipe se dirigia para uma reportagem na Barra da Tijuca, de madrugada, e no meio do caminho foi interceptada por bandidos que saíram de um matagal. "Era um assalto, eles estavam trocando tiros com a polícia e vieram pra cima do meu carro. Até jogaram uma granada, que felizmente não explodiu. Na época eu tinha um Corolla, estourei a suspensão do carro, mas consegui fugir." Os bandidos então renderam um táxi desses especiais do aeroporto.

"Os caras continuaram trocando tiro e o policial acabou matando dois, um dentro do táxi, o outro já do lado de fora, e prendeu o que estava fugindo." Alex ficou abalado, e o policial ainda ironizou: "Tu não tá acostumado?". "Eu disse: 'Tô acostumado a *fazer* [cobrir] vítima, não a *ser* vítima…'."

Alex não tem dúvida ao responder à pergunta sobre a situação-limite que enfrentou. Chega a baixar a voz. "Foi na Grota [favela do Complexo do Alemão], em 2007, quando a Força Nacional chegou e os traficantes tocaram fogo nos quiosques na entrada do morro. Todo mundo deitou no chão: policiais, jornalistas, motoristas. O tiro batia no muro e ricocheteava. Ali eu pensei que… bem, que não ia dar."

Embora tenha trabalhado em todos os horários, Alex atuou por mais tempo no período das quatro da tarde à meia-noite e na madrugada. "Madrugada eu fazia só no final de semana, cobrindo folga. É muito complicado. Você sai pra fazer as pautas, mas sai com medo, porque a cidade… Agora melhorou, mas tava um caos, né?"

Os riscos iam desde as situações corriqueiras nessas horas mortas, em que não há ninguém na rua e a possibilidade de assalto é maior, até a necessidade de passar por lugares nos quais nem a polícia entrava. Alex já dirigiu a Cherokee preta blindada da empresa e viu motoqueiros aproximando-se e desistindo da abordagem ao perceberem o logotipo do jornal. O que compensa é o sentido de solidariedade no trabalho: nesse horário, as saídas dependem da ronda que os jornalistas de plantão fazem nas redações e, quando há algum acontecimento em local muito crítico, a imprensa vai em comboio. "Na madrugada eu acho que não tem muito isso de um furar o outro, porque há um risco muito grande. Além disso, todo dia são as mesmas equipes; se você furar o colega hoje, amanhã vai acontecer a mesma coisa contigo também. Então é melhor trabalhar em conjunto e todo mundo ter tudo, né?"

Ao se lembrar das vezes em que motoristas sugerem pautas ou colaboram na apuração de reportagens, Alex ri: "Ou até ensinam, né?". Foi o que ele fez quando acompanhou uma repórter para cobrir um crime contra o gerente de um bar famoso na Lapa. "Não lembro se ele morreu, mas foi baleado. Eu saí com uma menina inexperiente e fui mostrando quem ela deveria entrevistar: o cara da padaria, o garçom, os personagens... O gerente da padaria, até, quem entrevistou fui eu, ela ficou ao lado anotando."

É mais um motivo que o leva a reclamar da falta de reconhecimento. "Não é porque eu não fiz uma faculdade que eu não sei. Pelo tempo de jornal, você já sabe de cor e salteado o que fazer, não é porque você não chega no computador pra bater a matéria que você não sabe."

A sugestão de pautas importantes que acabam desprezadas também o faz refletir sobre os interesses em torno da divulgação ou do ocultamento dos fatos. "Não é o caso da direção atual, mas a anterior..." Tempos atrás, Alex soube de uma história que tinha todos os elementos para virar notícia: a inutilidade da instalação do kit gás nos carros da Polícia Militar, alardeada como uma grande iniciativa de economia pelo governo do Estado. A empresa responsável pelo serviço não teria pago à que fez a instalação, e os carros tampouco vinham sendo abastecidos com gás. "Gastaram uma fortuna para botar o kit gás e não estavam usando. Não sei se hoje usam, mas na época não usavam. Eu soube através de um colega que era amigo do dono da convertedora. Isso não dava matéria?"

Reginaldo Gomes da Silva: no pagode e no trabalho, integração com a reportagem

O motorista do táxi estranha o endereço: Bar do Samuca, na praça Padre Sousa, mais conhecida como praça H, em Benfica, perto da antiga carceragem do Ponto Zero. Chega ao local, mas avisa, arregalando os olhos e apontando para mais longe: "A senhora não vá pra lá; pra lá é comunidade!". A reação não surpreende, considerando o estigma que as favelas carregam desde sempre.

Reginaldo Gomes da Silva chega logo depois. O bar é só um ponto de encontro: apesar de vazio àquela hora da manhã, tem uma televisão estridente e crianças fazendo algazarra, o que prejudicaria uma conversa tranquila. Ele sugere a casa da mãe, ali perto. Empurra o portão, anuncia que chegou – *"Bença, mãe!"* – e se instala na área lateral à cozinha, de onde a mãe logo vem, oferecendo a vitamina de banana que acabou de preparar.

Conhecer aquele ambiente é especialmente importante, porque era ali que Reginaldo promovia a confraternização de jornalistas e motoristas após o "pescoção" das sextas-feiras. A turma ficava entre o quintal e a calçada, aproveitava o pagode do bar ao lado e varava a madrugada.

Motorista do *JB* nos anos 1990, Reginaldo sempre viveu em Benfica, subúrbio vizinho a São Cristóvão, próximo de onde ficava a sede do jornal. Essa proximidade facilitou as coisas: todo dia ele levava a equipe de reportagem para almoçar ou tomar um café na casa da mãe. Daí surgiu a ideia de reunir os amigos nos dias de pagode: era uma alternativa ao churrasco que rolava na garagem do *JB*, na mesma época. Tanto em um caso como no outro, os encontros atraíam gente também de outros jornais, em um clima de confraternização que não se vê mais.

Reginaldo se gaba de manter um excelente relacionamento com aquela turma até hoje. "A minha relação com eles era de irmão, de amizade mesmo. Hoje eu digo que quase todo mundo que tá no poder já frequentou esta casa." Por "poder" entenda-se o exercício de cargos de chefia ou o status de repórter especial. Interessam menos os nomes – que, entretanto, estão na ponta da língua – e mais a maneira pela qual ele se refere a esses jornalistas: "Fulano foi meu estagiário, ainda me faz a maior festa, interrompe reunião pra me receber"; "Um dia fui fazer uma pauta policial no interior do Estado com Sicrana, achei ela supersafa, cheguei pro meu chefe [de reportagem] e disse: 'pô, essa menina é boa demais, não pode ficar fazendo interior'. Hoje ela tá na chefia do *Extra*...".

Essa interferência no ambiente da redação, aliás, foi fundamental para o início da carreira da jornalista Paula Máiran. Ela, que trabalhou a maior parte da vida como repórter e começou no *JB* aos 19, vendendo classificados, hoje, com 44 anos, é assessora parlamentar na Assembleia Legislativa do Rio. "Eu lembro que a redação era um Olimpo e nem imaginava um dia reunir coragem pra pisar lá. Eu fazia faculdade de jornalismo sem a convicção de que um dia poderia me tornar jornalista. As primeiras pessoas da redação que eu conheci foram os motoristas, e dois deles, o Melo e o Reginaldo, ficavam me estimulando, até que um dia eles me levaram na redação, em abril de 1992, e me incentivaram a ir ao chefe de reportagem de 'Cidade' pedir estágio."

"A Paula era muito nova e eu achava ela muito batalhadora, procurava ajudar", recorda Reginaldo. "Depois que ela foi contratada, toda matéria que ela ia fazer, se pudesse me levar junto, me levava. E teve uma muito legal, eu lembro que foi num domingo, nós já tínhamos acabado o serviço quando houve a explosão daquele paiol na ilha..."

Foi o estouro de três paióis no centro de munição da Marinha, na Ilha do Boqueirão, vizinha à Ilha do Governador, em 16 de julho de 1995. "Nós ouvimos o estrondo no *Jornal do Brasil*, descemos correndo e fomos pra lá", lembra Paula. "Fomos a primeira equipe a chegar e só conseguimos isso porque o Reginaldo foi no vácuo do carro da polícia, numa velocidade assustadora. E a gente conseguiu chegar antes de todo mundo."

Remexendo a memória, Reginaldo vai desfiando as histórias nas quais se reconhece como protagonista, como no hoje famoso caso do castelo do deputado Edmar Moreira, em São João Nepomuceno (MG). "Fui eu que descobri aquele castelo, procurando o Itamar Franco. Aquela coisa imensa, um absurdo. Fiquei igual a um louco atrás do Perin: 'Porra, Perin, temos que invadir esse castelo...'."

Orivaldo Perin, na época chefe de redação do *JB*, lembra-se da história: a reportagem acompanhava o então presidente Itamar Franco, que tinha ido visitar o deputado, em 1993. Toda a imprensa estava lá, todo mundo viu. No entanto, o castelo só se tornaria um escândalo em fevereiro de 2009, quando Edmar

Moreira, recém-empossado corregedor da Câmara dos Deputados, foi denunciado por enriquecimento ilícito e sonegação de impostos.

Por que uma aberração dessas demora tanto tempo para ganhar repercussão é algo que tem a ver com as escolhas editoriais e a conjuntura política. Na época, o *JB* mencionou aquela obra em uma reportagem da revista *Domingo* sobre castelos e a hipótese da volta dos cassinos. "Demos light, na revista...", lamenta Reginaldo, que insistiu na pauta anos depois, quando se transferiu para *O Dia*, também sem sucesso. Esse episódio, porém, o marcou de tal modo que até hoje ele carrega consigo uma foto colorida do castelo, impressa em papel comum, dobrada na agenda. E talvez esse "fui eu que descobri" seja menos um exagero de autoelogio do que a expressão da surpresa diante de um fato que custou tanto para vir à tona: é como se dissesse que o escândalo não era novidade para ele, que já sabia daquilo havia muito tempo.

Ao contrário da maioria dos motoristas, que, para evitar represálias, procura não acompanhar a reportagem na comunidade onde mora ou próximo a ela, Reginaldo não se incomoda com isso. Ele estaria entre dois fogos: traficantes de favelas vizinhas e policiais. "Eu moro em frente a um quartel, na época isso aqui era a Delegacia de Roubos e Furtos de Automóveis. Mas trabalhava num órgão de imprensa e tinha que passar a verdade, nunca deixei de passar isso pros amigos. Tanto é que chegamos a ganhar um Prêmio Esso com uma matéria sobre o desmanche de carros aqui, porque foi provado que os carros chegavam inteiros e saíam desmontados."

Prêmio Esso regional de 1993, a reportagem assinada por Malu Fernandes foi sobre "a máfia dos ferros-velhos". Reginaldo recorda, satisfeito, a deferência: "A Malu me levou pra almoçar na Colombo, me deu uma parte do prêmio dela".

Contudo, isso de "passar a verdade" nem sempre é possível. "Então, baixa o bom-senso: se não dá, não dá. Nem sempre se vence. Eu sempre tive um bom relacionamento com todo mundo, e tomava o cuidado de primeiro pedir autorização, explicar às pessoas o tipo de matéria que seria feito. Mas já fomos convidados a descer o morro de ré, de arma na cara, isso aí era rotina."

Reginaldo cultivava seus contatos e perseverava. Uma de suas maiores colaborações foi com o repórter Marcelo Ahmed. "Lembro de uma vez em que eu estava voltando pro *JB* e um carro atrás do nosso quebrou", diz Marcelo. "O fotógrafo reconheceu, era um vereador que tinha sido preso por causa de várias falcatruas na Câmara, e a gente estranhou: 'Ué, esse cara não devia estar preso?'. Então o *JB* publicou no dia seguinte a foto na primeira página, deu repercussão, e o Reginaldo falou: 'Pô, esse cara, pelo que a gente sabe, vive saindo por aí...'. Aí nós fizemos uma campana pra flagrar o sujeito saindo. Até que ele saiu, só que daquela vez estava saindo *mesmo*, legalmente, porque tinha conseguido *habeas corpus*, e a matéria acabou indo em direção diferente daquela denúncia inicial."

A informação sobre o local da campana é vaga: seria em alguma casa na favela do Arará, ao lado do antigo Ponto Zero. "Quer ver?", pergunta o motorista, que leva seu Meriva cinza tinindo de novo pelas ruelas da comunidade, em meio a crianças voltando da escola, mulheres carregando sacolas de compras, garotos jogando bola e o emaranhado de fios das ligações clandestinas de luz. Ele cumprimenta ostensivamente os moradores, uma forma de dizer que "está na área". "Eu me considero filho do bairro todo, sempre tive bom relacionamento com todo mundo." E a relação com os traficantes? "Tudo na paz. Com eles eu digo: 'Só não me pede carona'."

Funcionário do JB de 1991 a 1998, Reginaldo deixou a empresa para trabalhar no jornal O Dia, porém como terceirizado. Foi então que pôde observar a diferença de tratamento. "Dizem que o motorista faz parte de uma equipe, mas, no caso dos terceirizados, não é. Eu sempre fui convidado pra tudo que é evento, mas isso por causa da amizade que eu tinha. Os amigos eram barrados." Que eventos eram esses? "Festa de Natal era um. Vão os funcionários da empresa, os terceirizados não. Se no Ano-Novo a equipe ganha pra trabalhar, o motorista não ganha, e ele é obrigado a ir, nem pode botar outra pessoa no lugar dele. Se fazem uma camisa de equipe pro repórter e pro fotógrafo, o motorista não tem."

Reginaldo ficou no *Dia*, como prestador de serviços, até 2003, quando mudou de emprego, embora ainda ao volante: foi trabalhar, de novo como contratado, na rádio FM O Dia, onde, segundo ele, os terceirizados têm os mesmos direitos que os funcionários. "No jornal, a cada dia você depara com uma situação nova, é uma coisa muito mais dinâmica, arriscada, muita adrenalina... Mas, se eu tivesse de decidir hoje... Meu filho menor tinha acabado de nascer, agora está com 7 anos, e eu pensei: 'Já chega de subir morro'."

Com 57 anos, casado há 28, quatro filhos – uma moça, dois rapazes e um menino –, Reginaldo não reclama da vida, mas conta que queria mesmo era ser jogador de futebol. Torcedor do Botafogo, ele treinava no Fluminense e jogava como lateral esquerdo ou meio-campo. Apostava em seu talento. O sonho, entretanto, acabou justamente no ano em que o Brasil conquistou o tricampeonato mundial.

Em 28 de outubro de 1970, "dia de São Judas Tadeu", o rapaz, então com 16 anos, sofreu um grave acidente: em um treino, contundiu o joelho, voltou para casa, fez o curativo com cânfora, cobriu com atadura e foi à cozinha para acender o forno. "Risquei o fósforo, a perna virou uma tocha. Fiquei internado um ano inteiro, com risco de amputação." Reginaldo arregaça a calça e mostra a perna direita toda marcada. Por sorte se recuperou, mas esporte, nunca mais.

Então, foi trabalhar com shows e depois como guia de turismo, em excursões promovidas por colégios. Até que, em 1986, o governo Sarney decretou o empréstimo compulsório para a compra de passagens e o negócio com viagens decaiu. Foi quando apareceu a oportunidade no *JB*: primeiro na gráfica, finalmente na redação.

Esguio, típico pé de valsa, Reginaldo consegue driblar os percalços da vida com a mesma ginga que exibe no falar arrastado e meloso. Uma frase, na despedida da entrevista, resume bem: "Você tem que saber andar por cima e por baixo do viaduto".

Eliezer Pontes: as múltiplas habilidades do "professor Pardal"

A operação policial no conjunto de favelas do Alemão chamava a atenção pela quantidade de droga apreendida. Os repórteres estavam entretidos com aquela movimentação e com a presença de autoridades. Afastado da cena, como costuma ficar, o motorista Eliezer Pontes reparou quando um policial chegou com uma caminhonete da Polícia Interestadual (Polinter), abriu a traseira para expor alguns pacotes de droga, colocou para fora do carro dois fuzis recolhidos no morro e ficou montando guarda, com cara de mau, no meio da criançada.

Eliezer foi se aproximando e fotografando disfarçadamente com seu celular, até que chegou bem perto de um dos fuzis e levou um susto ao ver a inscrição: "Marinha do Brasil – doado à PMERJ em 14/3/2008". Deu o close, garantiu a imagem e depois perguntou sobre a origem da arma. O policial pareceu surpreso, logo virou o fuzil ao contrário e, diante da chegada dos fotógrafos, guardou tudo, fechou o carro e foi embora, certo de que ninguém havia documentado nada.

"Foi essa malandragem que eu aprendi com os fotógrafos, eles sempre falavam: 'Clicou, tá lá'. Fotografar primeiro e perguntar depois. Porque o principal é garantir a imagem", diz ele, saboreando ainda aquela pequena vitória, que ilustrou a reportagem do *Globo* de 9 de dezembro de 2009, na qual o jornal duvidava da conclusão do inquérito para a apuração

Acima, o motorista Eliezer Pontes no Complexo do Alemão, na véspera da ocupação da favela por militares, em 2010; ao lado, imagem feita por ele de um fuzil da Marinha apreendido na mesma favela entre os armamentos de traficantes.

do sumiço da arma, com as aspas que induziam à suspeita, no subtítulo da manchete: "Fuzil apreendido no Alemão havia sido doado pela Marinha e 'perdido' por cabo".

No *Globo* desde 1999, Eliezer rapidamente apreendeu o sentido particular de sua atividade: "Ser motorista de reportagem é estar sempre alerta, atento a tudo ao redor". Apaixonado por fotografia e tecnologia, assim que pôde ele comprou uma maquininha digital – hoje, tem uma poderosa Sony H50 – e um celular com câmera e pôs-se a documentar tudo o que lhe parecia importante. Rapidamente se tornou o motorista que mais colaborava com material jornalístico. Acidentes de carro no percurso de sua casa, no Irajá, até o trabalho – um táxi destruído, um carro esmagado por um ônibus na avenida Brasil, uma batida de carro na Presidente Vargas – renderam fotos e até vídeos de alta qualidade para o site.[16]

Certa vez, notou um carro abandonado ao lado do valão que corta a estação Leopoldina, debaixo da linha férrea. Era um Gol novinho, que começou a ser depenado. "Um dia, sumiu uma porta. Depois, sumiu outra. Depois, os pneus, as rodas. E eu passando de moto, pensando: eu *tinha* que fazer esse carro todo dia. Mas tinha medo de andar com a minha maquininha pra cima e pra baixo, quebrar, perder, roubar... aí não fiz."

Quer dizer, não fez a sequência, mas flagrou a cena final da desmontagem: quando já não havia mais o que roubar, viu quatro sujeitos inclinando o carro para soltar alguma peça pela parte de baixo. "Eu tava parado no sinal, não fiz a foto ali porque senão os caras iam me pegar. Deixei o sinal abrir, encostei a moto, peguei a máquina, *pá-pá-pá*, cinco, seis fotos, o cara olhando assim arregalado, e fui embora pro jornal." Mostrou para a chefia do *Extra*, que publicou a imagem com destaque.

---

16 A foto do táxi destruído em acidente em Vista Alegre está disponível em: http://oglobo.globo.com/fotos/2009/05/01/default.asp?p=3. Acesso em: 1º/8/2011.

Tamanho empenho revela um espírito de repórter maior do que o de muitos profissionais formados e não se resume a esse olhar atento ao que está em volta: quando, em novembro de 2010, o Rio viveu momentos de tensão com sucessivos ataques a carros e ônibus, atribuídos a traficantes revoltados com a política de "pacificação" dos morros pelo governo do Estado, Eliezer viu o noticiário da TV anunciar um incêndio em um ônibus em Vicente de Carvalho, vizinho ao local onde mora.

"Não tinha imagem, não tinha nada. Na mesma hora joguei minha máquina a tiracolo, montei na moto e fui pra lá do jeito que estava, de bermuda, camiseta, chinelo. Já tinha o povo tirando foto, mas representando a imprensa, porque eu me julgo representando O *Globo*, só tinha eu", conta. "Aí fiz as fotos, *pá-pá-pá-pá*, corri pra casa e mandei pro jornal. Na galeria do *Globo* saíram umas fotos minhas, o ônibus pegando fogo. Aí você vê o reconhecimento do trabalho, apesar de eu ser uma pessoa simples, humilde, apenas o segundo grau [o equivalente ao atual ensino médio] completo, compartilhando ali um espaço com fotógrafo que tem faculdade, tem outros cursos, fala até outros idiomas, é cara viajado... Eu acho legal, eu gosto."

Sua maior glória foi ter uma de suas fotos na primeira página do *Globo*, em 13 de fevereiro de 2010. A imagem ganhou relevância por causa do inusitado da cena: dois rapazes urinando na lateral de uma van do "choque de ordem" da Prefeitura, em Santa Teresa, durante o Carnaval. Eliezer havia saído apenas com o fotógrafo, a pauta era sobre o desfile do bloco das Carmelitas, um dos mais famosos do Rio. Mais uma vez, ele ficou à margem e viu quando vários carros da Secretaria de Ordem

Pública chegaram.[17] Nisso, reparou que dois rapazes vinham, meio cambaleantes, e se encostaram em um dos carros. "Eu pensei: 'Pô, será que esses caras vão mijar justamente na van do choque de ordem? Não acredito'. Quando eu vi os caras disfarçando ali de ladinho, eu, *pá!*, fiz a foto."

Os dois foram presos no ato. Devem ter sido soltos logo em seguida. Eliezer não se engana quanto ao sentido desse tipo de operação – "Eles fazem aquele bagulho pra inglês ver, prendem meia dúzia de pessoas e vão logo pra outro lugar" –, mas tinha consciência da oportunidade do flagrante, porque o tema estava "bombando" também no *Globo*, que desde o ano anterior fazia campanha para estimular o público a denunciar pequenas transgressões, como o estacionamento irregular e o xixi na rua. A foto servia perfeitamente aos objetivos do jornal.

Não é só a alegria de ver seu trabalho publicado: viver o jornalismo lhe permite uma visão mais alargada do mundo. "É um trabalho bem eclético, a gente faz do grã-finão ao pobretão." E pode passar de um cenário a outro em segundos. "Uma vez a gente estava na casa da Luma de Oliveira, preparando umas fotos de Carnaval, na época ela ainda estava com o Eike Batista. De repente, ligam do jornal, mandam a gente ir voando lá pra

---

17 Operações de "limpeza" desse tipo, voltadas principalmente para a retirada de mendigos e moradores de rua, eram recorrentes na cidade, mas em 2009, quando tomou posse, o prefeito Eduardo Paes institucionalizou essa prática, criando a Secretaria de Ordem Pública para combater todo tipo de irregularidade, que inclui estacionamento em local proibido, comércio ilegal e até incivilidades como urinar na rua.

Rocinha, que o bicho tava pegando. Aí você está num ambiente super-refinado, toda hora vinha um cafezinho, um biscoitinho, e do nada tu sai pra um tiroteio. Essa adrenalina é legal."

Os imprevistos às vezes rendem situações desagradáveis, como nas matérias em que é preciso entrar em favelas e, mesmo com todos os avisos e pedidos de autorização, os traficantes resolvem dar o contra. "É uma coisa chata, porque o nervo tá lá em cima. Antes da ocupação do Alemão, a gente foi a um velório, ia ter não sei quantos ônibus da comunidade, aí tu entra e vem um garoto de uns 12, 13 anos e diz: 'Ó, pode voltar daí *mermo*'. E até insulta a gente. É chato, eu sou um pai de família, e aquele moleque ali me insultando. Mas é assim que funciona, tem que baixar a cabeça, conversar, desenrolar, às vezes você consegue alguma coisinha a mais... ou dá meia-volta e pronto."

Eliezer recorda o tempo das sucessivas operações da Polícia Federal, que avisava as redações e saía em disparada, geralmente de madrugada. "Os caras não querem saber se você tá com carro mil; eles chamam todo mundo, mas metem o pé. Já passei em pedágio coladinho com Polícia Federal pra não pagar também, que se parasse a gente ia perder a matéria." Diz que os policiais ficam impressionados com a capacidade de perseguição. "Os caras falam: 'Pô, macaco' – eles têm mania de chamar a gente de macaco –, 'esse carro é 1.6 ou mil?'. 'É mil... melhorado.'"

Ele começou a dirigir profissionalmente depois que saiu do serviço militar, em que era ordenança do comandante e seu segundo motorista. Pilotou caminhão e ônibus até entrar em uma locadora, onde mostrou suas qualidades. "Sempre que um carro quebrava o gerente mandava alguém buscar. E, sempre que eu ia, trazia o carro andando, enquanto os outros traziam de reboque. Aí perguntavam: 'Tu é mecânico?'. 'Não, eu sou mexânico.' Eu gosto de mexer, já trabalhei em oficina quando era moleque e tenho um pequeno conhecimentozinho e, com as ferramentas emprestadas pelos colegas, eu vou e resolvo." Essa empresa prestava serviços para O *Globo* e ali Eliezer conheceu colegas que o incentivaram a mandar currículo para o jornal, onde ele finalmente começou a trabalhar em 1999.

Trabalhar mesmo ele o faz desde os 7 anos, um pouco para ajudar em casa, um pouco para ter o próprio dinheiro. Quando a mãe fazia um salgadinho, ele ia vender na rua. Fez carreto de feira, foi engraxate, ia ao ponto final de ônibus para lustrar os sapatos de motoristas, trocadores... E, quando a situação piorava, fuçava o lixo dos outros, pegando lata para vender ao ferro-velho.

A destreza ao volante e a competência e o senso de oportunidade para documentar um flagrante já seriam predicados suficientes, mas Eliezer tem muitos outros talentos. Ajudado pelo irmão, técnico em informática, aprendeu a lidar com computador e garante uma renda extra prestando serviços para colegas do jornal. Durante alguns anos, cultivou o hobby de radioamador, "positivo e operante", com três rádios debaixo da mesa do quarto, ao lado da cama, enquanto a mulher queria dormir. "Minha esposa deu graças a Deus quando eu acabei com isso."

Também recupera sucata. E, não menos importante, ergueu a própria casa, nos fundos do terreno que pertencia aos pais, onde, como de hábito nesses casos, as construções vão se estendendo conforme a necessidade.

Como esse "professor Pardal" aprendeu tudo isso? "Trabalhando, metendo a mão, por curiosidade... Trabalhando com meu pai, aprendi as coisas de obra, meu pai era pedreiro. Metia a mão por necessidade, né? A gente não pode comprar as coisas, então tem que correr atrás."

Aos 44 anos, pai de dois filhos, um adolescente de 12 e uma moça de 18, Eliezer é um autodidata convicto e talvez por isso rejeite os conselhos para voltar a estudar. Em dezembro de 2010, teve de se licenciar por causa de um grave acidente de moto quando ia para o trabalho. Por sorte, apenas quebrou a perna direita. Motociclista desde os 16 anos, ele traz em uma estante a evidência de sua paixão: uma série de miniaturas de motos. É fundador de um motoclube e confeccionou ele mesmo os coletes de couro para sair por aí nos momentos de folga. Mas a cara de leão tatuada em seu ombro direito não tem nada a ver com escuderias: é o símbolo da igreja evangélica à qual é filiado.

Embora o gosto pelo trabalho que realiza esteja fora de dúvida, o comentário, ao final da longa conversa, demonstra que a imaginação voa longe. "Uma vez eu vi uma reportagem sobre a dificuldade de encontrar profissionais qualificados em certas áreas e pensei: 'Pô, eu gostaria tanto de ter trabalhado numa fábrica grande, que constrói, que inventa as coisas...'." Como se ele não fosse uma prova viva dessa capacidade de criar.

José Moreira de Souza Filho: serenidade mineira nos momentos de tensão

A agilidade, a experiência e o zelo pela segurança de seus companheiros de trabalho valeram a José Moreira de Souza Filho um elogio raro da redação: um e-mail disparado pela editora-executiva do jornal *Extra*, Denise Ribeiro, em resposta a um fotógrafo do *Globo* que lhe enviara agradecimentos pela perícia do motorista durante um tiroteio no morro da Coroa, em Santa Teresa.

"O Moreira mora em comunidade, conhece tudo, é um cara que dá muita confiança numa hora dessas", diz Denise. "Nesse dia, ele tirou os repórteres na hora certa, tanto do *Globo* quanto do *Extra*, e eu fiz questão de mandar esse elogio a toda a redação, porque essa postura revela o senso de equipe."

O fato ocorreu em maio de 2009 e foi apenas um dos muitos episódios de tensão que o motorista enfrentou. Sua tranquilidade em lidar com situações de risco o leva a ser uma espécie de esteio dos jornalistas, especialmente os mais jovens. "Quando eu saio com algum novato, pergunto logo: 'Você vai aonde?'. E eles sabem: se o Moreira falar que dá pra ir, tá tranquilo. Já cansei de entrar em favela sem polícia, sem nada, mas tem uns procedimentos pra entrar e pra sair." Nem por isso ele escapou de contratempos, alguns graves. O que mais o marcou foi quando ficou refém de bandidos por quase uma hora. Foi durante a Copa de 2006, em uma imprudente tentativa de um repórter de esportes de entrevistar a família do jogador Adriano, que havia marcado um gol na partida disputada pela seleção brasileira dias antes.

"O repórter desceu da redação pedindo o blindado. Eu estranhei: blindado, na Copa do Mundo, por quê? Porque ele ia fazer a tal matéria na Vila Cruzeiro. Aí, no caminho, eu fui conversando, ele era novo, sem experiência nenhuma. Perguntei: 'Você conhece bem a história do Alemão, da Vila Cruzeiro, a história do Tim Lopes…'. E ele começou a achar que eu estava com medo. Ora, depois de tanta coisa que eu vi, eu não tenho medo de nada."

Moreira resolveu testar o rapaz: pegou o carro, contornou toda a região – Nova Brasília, Canitá, Fazendinha –, cortou o morro de fora a fora e o repórter em momento algum esboçou reação. Quando chegou à rua Nossa Senhora da Penha, o motorista parou o carro em frente ao Corpo de Bombeiros e avisou: já estavam no morro. O repórter estranhou: "Morro? Que morro? Isso aqui é morro?". E Moreira, muito calmo: "É, isso aqui é a Vila Cruzeiro".

"Na época, ninguém passava dali do Corpo de Bombeiros. A imprensa não entrava. Mas o repórter achou que eu estava querendo derrubar a matéria. Então, nós entramos. Quando chegamos num local conhecido como Três Bocas, que é um entroncamento com três vielas, eu parei e perguntei: 'Por onde você quer ir?'. Eu sabia mais ou menos, mas ele não sabia nada."

O repórter resolveu abrir o vidro para perguntar. Foi o que bastou para seis traficantes cercarem o carro. Um deles enfiou o cano do fuzil pela janela. Começaram a gritar e a fazer ameaças, certos de que estavam sendo filmados. O repórter perdeu a voz. Moreira começou a explicar o motivo da presença deles ali e, a muito custo, conseguiu uma trégua.

"Eles me mandaram manobrar e deram dez minutos para pensar o que fariam com a gente. Eu então decidi: 'É agora que eu vou testar a blindagem desse carro'. Mandei o repórter fechar o vidro, manobrei e pensei: 'Agora é com Deus'. Saí cantando pneu pela viela até chegar de novo nos Bombeiros. Se passasse alguém na frente, eu nem sei o que poderia acontecer. E felizmente os caras não atiraram, porque tiro de pistola a blindagem aguenta, mas de fuzil…"

O episódio mostra como jovens jornalistas procuram às vezes esconder a inexperiência com uma postura aparentemente decidida, como se fosse vergonhoso reconhecer a própria ignorância. No caso, é muito provável que o repórter nem tenha comunicado sua pauta à chefia e tenha querido chegar com a matéria pronta, para mostrar iniciativa e ganhar prestígio. "O certo era ele ter feito contato antes com a família, combinar as coisas, mas ele achou que ia chegar e entrar, que era um lugar como qualquer outro aqui no Rio, e não era."

Natural de Governador Valadares (MG), 52 anos, Moreira chegou ao Rio ainda criança, aos 10, mas até hoje guarda o sotaque e o jeito ressabiado típicos dos mineiros. Como motorista de redação, começou em 1999 na editoria "Rio" do *Globo* e depois passou para o *Extra*, na atual "sucursal móvel" da Baixada Fluminense, o que lhe facilita a vida, pois ele mesmo é da área: mora no Jardim Gramacho, um bairro de Caxias. "Na Baixada, a cada momento é uma surpresa diferente. A Baixada é carente, sempre foi. Então, tem desde a violência até a falta de saneamento, falta de estrutura para a comunidade, o lazer, tem de tudo. O repórter com uma boa visão em jornalismo nunca deixa de ter matéria ali."

Sempre disposto a colaborar com a reportagem, Moreira, entretanto, jamais sugeriu uma pauta na região onde mora. "Por causa da minha família. Ninguém nunca sabe qual é o entendimento das pessoas. Às vezes, você faz uma coisa que é pra ajudar e entendem de outra forma." Quando se trata de alguma operação policial, então, pede que não o escalem, para se resguardar, "e a redação compreende perfeitamente".

Fora isso, age como muitos de seus colegas, sempre atento ao que vê em volta, mas seu comportamento depende da companhia. "Eu hoje avalio com quem estou. Nem tudo eu falo. Sei lá, podem entender mal…", diz, escaldado das vezes em que tentou ajudar e foi desconsiderado.

A propósito, ri muito ao se lembrar de uma situação de muitos anos atrás, quando conduzia uma equipe para Barra Mansa, no interior do Estado: a repórter tirando um cochilo no banco de trás, o fotógrafo com um fone de ouvido, entretido na leitura de uma revista. De repente, na subida da Serra das Araras, Moreira reparou em um homem algemado, sem camisa, de calça cáqui e sapatos pretos, que, ao avistar o carro do jornal, começou a mover os braços para o alto, em um movimento pendular, com os punhos atados. "Eu falei: 'Olha lá o cara algemado!'. E o fotógrafo: 'Deve ser isca'. 'Que isca, num lugar desse, deserto, domingo, a esta hora da manhã?' Mas nem o fotógrafo nem a repórter quiseram parar, então fomos embora."

No entanto, Moreira parou o carro no posto da Polícia Rodoviária Federal e foi dar o aviso. "O policial respondeu que já sabia: era um coronel da PM de Belo Horizonte ou Juiz de Fora, não lembro, que tinha sido sequestrado. Fizeram um monte de saques com o cartão dele e depois abandonaram ele na subida da serra. O policial disse que já tinham ido resgatar o cara. Então voltei pro carro e me perguntaram: 'E aí?'. 'Aí que o cara era coronel da PM.' 'E agora?' 'Agora nada, ele já foi embora.'" Rindo muito, o motorista ao mesmo tempo lamenta: "Se fosse eu o repórter, teria parado quando vi o sujeito, mas eu não tinha autoridade pra dizer o que a equipe devia fazer... E não eram novatos, não, era tudo cascudo! Como é que perde matéria assim eu não sei".

Moreira trabalhava dirigindo caminhão de leite antes de entrar para O Globo, em 1986. Ali ficou por nove anos, no período noturno, no serviço de entrega do jornal. Depois passou a servir à diretoria, até que, finalmente, fixou-se na redação. É o que gosta de fazer. "Você fica mais esclarecido sobre as coisas, fica mais experiente e passa essas informações para a família, os filhos, mostra a realidade... porque ler no jornal, ver na televisão, é uma coisa, mas chegar ao vivo e acompanhar é outra, totalmente diferente. Às vezes, sinto até emoção, mas aí a gente tem de segurar o máximo possível pra não se envolver muito."

A emoção, porém, já não é a mesma de antes. Ele nota que, com a internet, a rotina de trabalho mudou bastante. "As informações chegam muito rápido. Aquela correria que existia antes, a concorrência pra chegar na frente, isso vai acabando, porque, quando você chega, alguém já mandou uma mensagem ou postou uma foto na rede."

Ao falar da relação entre motoristas e jornalistas para além do cotidiano da reportagem, Moreira revela um ressentimento que normalmente passa despercebido. Não raro recebe agradecimentos pela colaboração em matérias que ganharam ou concorrem a prêmios. Em 2010, a repórter com quem ele trabalhou longamente na apuração de uma pauta lhe disse que estava entre as finalistas de uma das categorias do Prêmio Esso. O anúncio dos vencedores seria no Copacabana Palace. "Não vamos ganhar dinheiro nenhum, mas podiam perguntar se a gente quer ir, se quer levar a esposa, só pra ver como é que é." Por mais que a relação entre repórteres e motoristas seja amistosa, na hora das homenagens, em geral, essa fronteira permanece.

Mário Luiz dos Santos Silva: a parceria, apesar do vínculo precário

Enquanto procurava um lugar adequado para a entrevista, Mário Luiz dos Santos Silva cruzou com uma colega na garagem do *Globo*, que estranhou a cena. Ele explicou e falou, incorporando o jargão jornalístico: "Hoje eu sou personagem!". Falou brincando, mas era verdade.

O carro destroçado contra uma árvore na Lagoa Rodrigo de Freitas, em frente à sede náutica do Vasco da Gama, foi uma das cenas que mais lhe chamaram atenção, poucos meses depois de começar a trabalhar na empresa. Ele acabara de prestar um serviço e retornava, de madrugada, à sede do jornal. Na mesma hora, avisou a redação. O repórter do *Globo* foi o primeiro a chegar. Os cinco ocupantes, jovens que haviam saído de uma boate, morreram. O caso renderia sucessivas manchetes ao longo daquela semana de setembro de 2006, sustentadas por debates bem ao gosto do jornal sobre o comportamento da juventude de classe média que frequenta festas, bebe além da conta e dirige em alta velocidade.

Mário cita o episódio como uma de suas contribuições à reportagem mesmo antes de ser transferido para a editoria "Rio", onde trabalha no turno da manhã. "Eu pego às seis, então saio de casa às quatro e meia da manhã. Se vejo um acidente ou alguma coisa que possa render notícia, eu passo o rádio para o repórter da madrugada. Eu gosto, a gente aprende a gostar do trabalho."

Foi esse espírito de colaboração, aliado à competência ao volante, que o tornou um caso raro no *Globo*: um terceirizado que atua na cobertura do cotidiano da cidade, e não no "Jornal de Bairros". O repórter Natanael Damasceno não lhe poupa elogios: "O Mário é um parceirão mesmo, ajuda a apurar, é malandro, sabe os caminhos. Quando vê um engarrafamento, ninguém nem precisa falar, ele sabe que nosso tempo é precioso, sabe que nosso trabalho depende dele". A admiração aumenta diante da condição social do motorista. "É um cara que teve de se virar desde cedo, viveu a vida toda num lugar superviolento, se desdobra pra sustentar a família, faz de tudo um pouco."

Mário vive hoje com a mulher e as duas filhas – uma de 6, outra de 12 anos – em uma casa em Manilha, distrito de Itaboraí, mas passou 40 de seus 44 anos na Maré, nascido e criado na favela Parque União. Saiu para evitar a violência e preservar as filhas. "Já vi muita gente sendo morta, muita gente. Chegavam e matavam, assim. Minha infância toda foi essa. Colegas meus morreram, da minha geração poucos sobraram, ou estão presos, ou morreram, ou são viciados."

Evangélico da Assembleia de Deus, Mário escapou a esse destino comum. Sem muitos estudos – fez até a oitava série do antigo primeiro grau –, sempre procurou ganhar seu sustento e não rejeitava serviço, "desde que fosse honesto". Certa vez, quando começou a trabalhar num caminhão frigorífico, rejeitou a oferta de um colega. "Logo no primeiro dia ele me convidou pra fazer algo errado. Perguntou se eu queria tirar carne pra mim. Eu disse: não, querido, não quero. Se você quer tirar, tira, mas longe de mim, não me deixa ver, que, se forem me perguntar, infelizmente eu vou ser obrigado a dizer que foi você que tirou."

Antes de ir para O *Globo*, Mário trabalhava como motoboy, desdobrando-se, para completar o salário, entre uma imobiliária das oito e meia da manhã às seis da tarde e o serviço de entrega de um restaurante no período noturno. Foi essa experiência nas ruas que o levou logo para o horário da madrugada. "Eu até tentei, porque no 'Jornal de Bairros' tem algumas vantagens, motorista faz uma viagem mais longa, ganha um pouquinho melhor nas horas extras. Na 'Rio', não, a gente faz só o básico, final de semana é que faz hora extra, viaja muito pouco."

Viajar é bom não só por isso, mas porque representa uma quebra na rotina e pode proporcionar alguns momentos de lazer. Mário recorda a vez em que foi a Paraty levar uma equipe que apurava denúncias sobre obras ilegais. "Foi uma viagem maravilhosa; eu não só trabalhei, como aproveitei, andei de lancha, mergulhei..."

Fora isso, diz que gosta das matérias "boas" do cotidiano: as de polícia e de morro, nas quais, aliás, pode dar grande colaboração. "Quem morou tanto tempo em comunidade, como eu, tem olho clínico, sabe chegar, percebe coisas que o repórter que é da zona sul não vê. Eu gosto de ajudar, porque aí a coisa rende mais e eu sinto que tô fazendo a minha parte. Agora, esse negócio de ficar andando atrás de bueiro,[18] isso não é comigo."

---

18 A entrevista foi dada em um período de sucessivas explosões de bueiros no Rio de Janeiro.

O motorista auxilia, ainda, em alguns aspectos técnicos da realização da cobertura. Como também aprendeu a usar computador, colaborou com repórteres e fotógrafos nos deslizamentos de terra em Angra dos Reis, na virada de 2009 para 2010, deixando a máquina pronta para o envio do material, além de ajudar na apuração. "Era muita gente morta, um repórter sozinho não dava conta." Mereceu elogios formais por isso, pregados no quadro da sala dos motoristas.

Mário ingressou no Infoglobo em fevereiro de 2006 e trabalha regularmente na reportagem de cidade desde 2009. É dos raros remanescentes da primeira leva de terceirizados, aquela que gerou tantos protestos da redação. As diferenças em relação aos motoristas contratados, é claro, não agradam, principalmente a de salário.

"Tem um ditado popular que diz que a necessidade faz o homem, então você tem de se adaptar onde você está. Eu posso trabalhar de motorista de caminhão, ou voltar a trabalhar de motoboy, ou de contínuo... Danço conforme a música, não tem tempo ruim pra trabalhar. Só quero no fim do mês ter meu dinheiro pra levar pra casa honestamente, dar de comer à minha esposa, minhas filhas. E, se hoje eu não me vejo mais estudando, minha esposa terminou o segundo grau técnico, e eu também incentivo minhas filhas. O que eu puder fazer por elas eu faço."

Nilson Provietti: da fábrica de tecidos para o volante, o "tio" sempre alerta

Os jornalistas circulavam pelos escombros de um bairro de Friburgo, à procura de desabrigados pelas chuvas que haviam arrasado a cidade em fevereiro de 2011, quando o motorista Nilson Provietti, da rádio CBN, estranhou aquela movimentação de pessoas catando roupas em um barranco. No dia seguinte, passou novamente pelo local e viu um caminhão da Secretaria Municipal de Educação despejando sacos e mais sacos de roupa. Então parou o carro e alertou a repórter. Os dois se dividiram na apuração. Foi o primeiro de dois furos seguidos em que a rádio denunciou o desperdício de donativos aos desabrigados, ambos descobertos pelo motorista.

"Eu inclusive fiz um dos vídeos do pessoal pisoteando aquelas roupas", recorda. "Dava muita pena, porque o Brasil inteiro se comoveu com aquela tragédia, e eu imaginava a minha irmã, que acabou com o brechó dela sensibilizada com aquilo, deixou de ganhar dinheiro para ajudar o próximo, e aquela roupa toda ali, jogada no chão."

Vídeos e fotos foram para o site da CBN e na mesma hora emissoras de TV começaram a veicular as imagens. No dia seguinte, a imprensa em peso estava lá. Nilson ficou à parte e reparou em uma moça magrinha parada ao lado de uma pilha de roupas. Puxou conversa: quem ela era, quantos anos tinha, onde morava, se a casa tinha sido afetada pelas chuvas… Não, ela morava ao lado, não tinha acontecido nada com a casa; estava ali escolhendo roupas novas para revender, pois era costureira, mas estava desempregada. Tinha 23 anos. "Então você vai ganhar um dinheirinho, né?", perguntou Nilson. "É", respondeu ela, com a maior tranquilidade. O motorista ficou indignado e foi chamar a repórter, que estava entrevistando as pessoas às voltas com a catação de roupas. "Olha, tem uma menina ali que é *a* matéria." A repórter gravou com ela e foi outro escândalo.

Ganhou dessas jovens repórteres o apelido de "tio Nilson". "Elas são muito novas, então muitas vezes não têm essa sacada ainda, essa maldade de olhar uma coisa e achar estranho", diz ele, com uma indisfarçável ponta de orgulho. Mas o apoio se estende à ajuda com a própria infraestrutura, que diz respeito tanto à procura de uma solução para que a reportagem vá ao ar, mesmo nas condições mais adversas, quanto a coisas mais prosaicas, como o arsenal de primeiros socorros – remédios, frutas, bolsa com gelo, água, biscoito, lanterna – para qualquer emergência. Às vezes, a repórter protesta: "Você tá parecendo a minha mãe!". Ao que ele responde, conformado: "Eu tenho que cuidar de vocês, fazer o quê?".

São cuidados de todo tipo. "Às vezes, a repórter precisa usar o banheiro e normalmente é o cara de pau do motorista que resolve. Em outras situações, a gente pede, o pessoal traz água, café… A gente passa a ser o braço direito do repórter."

Há episódios imprevisíveis, como o que ocorreu durante a rebelião de presos na Casa de Custódia de Benfica, em maio de 2004, uma tragédia que terminou com trinta mortos. Nessa época, o motorista estava na Rádio Tupi e viu que a repórter usava um casaco descosturado. "Ela disse que saiu correndo de casa e pegou o primeiro casaco que viu. Eu achei um absurdo e pedi agulha e linha a uma mulher ali da vizinhança e costurei na hora." Outra repórter viu e começou a brincar: "Que é isso? Você também cozinha, lava e passa? Vou querer esse luxo...".

A habilidade de Nilson com a costura não é gratuita e ajuda a entender a singularidade de sua trajetória quando comparada à dos motoristas de reportagem. Fluminense de Natividade, 44 anos, dois filhos, separado da mulher, ele é o caçula de quatro irmãos e ainda criança se mudou para o Rio, onde a família se instalou no Jacarezinho, que, na década de 1970, em nada se parecia com a imensa comunidade em que se transformou.

Era uma vida de classe média suburbana: o pai, já falecido, era funcionário da GE e havia trabalhado na fábrica de tecidos Nova América; a mãe, costureira, passou a ser encarregada de uma confecção de roupas masculinas, onde um dos irmãos era responsável pelo corte, o outro atuava no setor de vendas, e a irmã, no departamento pessoal. Finalmente o pai se empregou no mesmo local, como vigia, e a vida da família começou a girar em torno da fábrica.

Quando pequeno, Nilson fez uma festa de palhaço na empresa e o dono o contratou para promover festas para os netos. Mais tarde, um sócio do empresário montou uma camisaria e Nilson foi trabalhar para eles. "Passei doze anos assim, foi a melhor época da minha vida. Em 1989, viajei para os Estados Unidos, para Miami, a fim de comprar peças de máquina. Viajei o Brasil todo pela fábrica." Deixou de fazer faculdade para se dedicar à firma, dava-se muito bem com os patrões, cuidava de seus assuntos pessoais. "Foi muito difícil perder isso, mas acabou."

Acabou em 1998, quando o mercado de importações começou a se abrir ainda mais e o país foi inundado de peças prontas e baratas, a maioria feita na China. O ramo de confecção no Rio praticamente quebrou. "A fábrica onde minha mãe trabalhava fechou. Ela então abriu uma loja de conserto de roupas e minha irmã foi trabalhar com ela." Nilson virou motorista, inicialmente de táxi, depois foi para a Rádio Tupi, onde ficou por pouco mais de um ano. Em 2005, transferiu-se para o Sistema Globo de Rádio.

Apesar da saudade dos tempos da fábrica, ele diz que gosta muito do que faz, sobretudo porque se dá muito bem com a repórter Silvana Maciel, experiente na área de polícia, com

O motorista Nilson Provietti, da rádio CBN, que ajudou a dar dois furos de reportagem por ocasião da tragédia causada pelas chuvas em Friburgo (RJ).

quem forma dupla fixa. "Eu costumo dizer que durante dez meses do ano eu faço matéria policial, fico um mês em férias e, em janeiro, quando a minha repórter entra em férias, faço matéria de chuva. Foi assim em Campos, em Angra, em Friburgo, todo ano é a mesma coisa."

Cobrir catástrofes frequentemente significa sair às pressas, com a roupa do corpo, sem saber quando se vai voltar. Nos desabamentos de Angra dos Reis, em 2010, Nilson dividiu-se entre três repórteres, dois que faziam o deslizamento no centro da cidade e outra que ele ajudou a se deslocar para a Ilha Grande, onde uma pousada e algumas casas de pescadores haviam sido soterradas.

Passaram cinco dias na região, sem poder retornar, pois a pista da Rio-Santos havia cedido. "Estávamos no hotel, nove e pouco da noite, todas as equipes de todos os jornais e emissoras, de São Paulo, do Rio, todo mundo tentando ir embora e as pistas de saída todas paradas. O jeito foi andar na contramão, com cautela e alerta ligado, e carregar um equipamento que é praticamente uma rádio móvel, que consegue entrar com GPS em qualquer canto."

O carro chegou próximo ao local onde o secretário de Turismo falava por telefone com o prefeito sobre a necessidade de desligar os reatores da usina nuclear, porque não havia plano de fuga e, com a estrada naquele estado, o local representaria risco de vida. Nilson ouviu a conversa e avisou o repórter. "Ele foi lá perguntar, o secretário confirmou, mas disse que era *off*. Como? *Off*, uma informação daquela? O repórter entrou no ar, soltou a bomba."

No ano seguinte, a mesma situação em Friburgo: estrada impraticável, Nilson foi se informar em uma birosca e soube de um caminho vicinal que um carro pequeno poderia percorrer até o centro da cidade. O cenário era de completa destruição, não havia água nem luz, o Nextel não pegava, dando apenas breves sinais de vida de vez em quando. E a repórter precisava entrar no ar. Nilson percebeu um orelhão tocando e então teve a ideia: passou pelo Nextel o número do orelhão e pediu que a chefia de reportagem telefonasse. "O orelhão estava recebendo chamadas, então pensei: 'É por aí que a gente vai falar'. A repórter saía, apurava, voltava correndo e passava a matéria. O pessoal achava estranho: 'Como é que a CBN e a Rádio Globo estão transmitindo de Friburgo se não tem telefone?'. Mas foi justamente aquele orelhão que a gente descobriu."

Nilson também socorreu uma mulher grávida que estava sentindo dores e a conduziu até o batalhão – nessas horas não vale a determinação da empresa de que não se dê carona a terceiros, para evitar problemas com eventuais acidentes: se a situação já é um enorme acidente, o mínimo que se pode fazer é tentar amenizar a dor do outro. Além disso, levou de casa sacos de roupa para doar aos desabrigados. E testemunhou a mobilização da redação, que fez uma vaquinha para um garçom que perdeu tudo. "O pessoal se sensibilizou, viu a neném dele, comprou comida, leite, fralda e mandou pra lá. Era muito recompensador ver as pessoas agradecendo, e o que a gente estava fazendo era tão pouco..."

Nilson trabalha regularmente com Silvana Maciel, e a experiência dela facilita as coisas para ambos: às vezes, basta uma troca de olhares, em uma área de risco, para concluir que não se deve ir adiante ou que é hora de partir. No entanto, a rotina da cobertura policial tem algumas regras. "Todos os motoristas têm os contatos uns dos outros, a gente interage muito. Não existe esse negócio de competição, 'Eu vou dar a matéria primeiro', mesmo porque é uma questão de segurança. Por exemplo, numa operação policial numa favela, em geral há várias entradas, algumas estão cobertas por policiais e outras não, então a gente passa um rádio para os colegas avisando quais as áreas em que é possível entrar."

Outra prática comum entre os motoristas é o acompanhamento, pelo rádio, da frequência utilizada pelos traficantes, o que às vezes é decisivo para evitar uma tragédia. Isso aconteceu durante o cerco e a ocupação do Complexo do Alemão pela polícia e pela Força Nacional de Segurança, que se arrastou por 76 dias, em 2007. Nilson ouviu os traficantes dizerem que iam encurralar a imprensa e "mandar bala". Foi o tempo exato para um grupo de repórteres se refugiar em um caveirão enguiçado e ele sair correndo com o carro, transportando sua repórter, duas colegas de outros jornais e uma moradora em estado de choque.

O motorista ressalta outro aspecto relevante da solidariedade entre os parceiros: "Eu não conheço todos os cantos, mas tenho o Moreira, o Camilo, o Noel, o Da Silva... são os nossos amigos de toda hora, a gente depende um do outro. Não adianta eu botar um GPS, que ele não vai me dizer se ali é uma área de risco".

Nilson não trabalha com carro blindado. Quando necessário, usa o colete à prova de balas, que, embora não proteja de tiros de fuzil, pode amortecê-los se a distância do disparo for longa. A principal proteção, entretanto, é o próprio local que se escolhe para ficar. "Eu digo sempre que o melhor lugar pra se proteger dentro de uma favela é a birosca. Numa birosca você não vê marca de bala. Quem tem de correr atrás da operação são os cinegrafistas e os fotógrafos. Eles se arriscam demais, mas é a profissão deles. Não é o caso de repórteres e motoristas, então é melhor ficar dentro da birosca; tem água, café, e na hora que estiver tudo OK normalmente algum policial avisa."

Conhecer bem a região é uma vantagem. "Eu moro na Vila da Penha, perto do Complexo do Alemão, do Engenho da Rainha, do morro do Juramento. Trabalhei com confecção ali, então conheço muita gente, até bandido que entrou pro tráfico." Circular com desenvoltura entre moradores em uma região tão marcada por conflitos também tem uma contrapartida: "Já teve gente que virou e me perguntou: 'Você não é x-9[19] não, né?'. Claro que não. Eu conheço muitos policiais, mas eles têm a função deles e eu tenho a minha". E eles respeitam? Nilson reflete, sorri e responde: "Noventa por cento, sim".

Há inesperados momentos de distensão no cotidiano de violência. No morro do Tuiuti, em São Cristóvão, a dupla Nilson-Silvana partiu para uma reportagem. Em torno da boca de fumo, os traficantes não hostilizaram ninguém. Um morador, vascaíno roxo, chamou a repórter para mostrar que tinha

---

19 "x-9" é o informante da polícia.

construído um deque na casa dele, de onde se via o campo de São Januário. "Eu não vi a Silvana entrar ali, olhei em volta e cadê minha repórter? Minha repórter sumiu!"

Nilson ficou aflito, falou com o líder comunitário, os próprios traficantes se mobilizaram. "Tem que achar a *repórti*", disseram. Desceram pelas vielas, o rádio não pegava, até que ouviram um palavrão bem alto. Era ela. "Ela é bem morena. Estava branca. Sabe por quê? Porque deparou com um pato no meio do caminho. Ela tem *pavor* de animal de pena. Não tem medo de tiroteio, mas se tiver um galo garnisé, um pintinho que seja, ela não desce do carro. Vai entender."

Entre histórias dramáticas e engraçadas, Nilson exibe evidente orgulho com o reconhecimento de seu trabalho. "Você vibra porque participou daquilo, porque pode dizer: 'Ali tem um fio de cabelo meu'."

Rinaldo Gaudêncio Américo: os olhos de águia do sósia de Obama

Rinaldo Gaudêncio Américo incorporou de tal maneira seu personagem que, quando é tratado pelo próprio nome, custa a responder. Mas, se o chamam de Obama, atende imediatamente. Ele é sósia do primeiro presidente negro dos Estados Unidos e começou a ganhar fama ainda durante a campanha eleitoral, quando amigos lhe apontavam a semelhança. Tanto fizeram que o convenceram, e ele pensou: "Se esse cara ganhar, eu vou a um jornal popular perguntar se não estão procurando um sósia". Obama venceu, Rinaldo ligou para o *Extra* e logo virou notícia. O jornal cuidou de montar o personagem, vestindo-o de terno e gravata, ensaiando os gestos de saudação aos eleitores.

Apresentou-o ao público na rua Uruguaiana, uma das mais populares do centro do Rio, fez fotos com ele em frente ao consulado americano e à réplica da estátua da Liberdade na Barra da Tijuca e lhe deu todo o espaço da página 3 do dia 7 de novembro de 2008. A partir daí, a nova carreira de Rinaldo deslanchou, e ele começou a ser solicitado para todo tipo de eventos, o que lhe proporcionou até sua primeira viagem ao exterior, para um carnaval fora de época no Canadá.

Nosso Obama nasceu no subúrbio de Anchieta, de pai militar e mãe doméstica, e foi paraquedista antes de se empregar como motorista de reportagem. Completou o antigo segundo grau tardiamente, no supletivo, porque se casou muito cedo e precisou abandonar os estudos para cuidar da família.

Mulato esguio, 1,86 metro, Rinaldo soube aproveitar a oportunidade de ser parecido com o presidente americano. Torcedor do Flamengo, associou a crise econômica mundial daquele ano àquela por que seu clube passava, convocou dois amigos para fazerem o papel de seus "seguranças" e apareceu vestido de Obama na arquibancada do Maracanã, com um cartaz em que escreveu a mensagem: "Sem crise global, sem crise no Mengão, o Obama é o cara, tá de olho e é a solução". Os fotógrafos acharam o máximo.

No dia seguinte, Rinaldo estava em todos os jornais e recebia convites para entrevistas no *Globo esporte*, no *Fantástico* e no *Programa do Jô*. Ficar frente a frente com o humorista-entrevistador foi o que mais o impressionou. "Eu ali, doze minutos cara a cara com ele, ele me sacaneando e eu me sacaneando também, humilde como sempre e sempre sorrindo, levei aquilo como se já estivesse acostumado, todo mundo adorou." Depois inventou de voltar ao Maracanã abraçado com uma Michelle Obama de papelão, que ele mesmo fez: outro sucesso. "Ela está lá em casa, guardadinha, para alguma oportunidade, se alguém quiser fazer uma matéria; só está um pouco manchada, tenho de dar um retoque nela."

Tamanho sucesso publicitário faz Rinaldo assumir seu personagem mesmo quando a entrevista é sobre sua vida e seu trabalho como motorista de reportagem: ele fala para a câmera, como se estivesse mandando uma mensagem aos fãs ou algum conselho ao público que o aprecia.

De fato, sua vida mudou. Ele passou a ser reconhecido na rua, artistas e políticos vêm cumprimentá-lo, tiram fotos a seu lado. "Quando é que eu imaginei que ia apertar a mão do prefeito, do governador, que eles é que viriam me procurar?" Sua popularidade é útil à Rádio Globo, onde trabalha atualmente: sobretudo nos casos em que a empresa faz promoções, a simples chegada de "nosso" Obama atrai o público.

Mas, como motorista, Rinaldo também veste a camisa.

Depois de servir por cinco anos na Brigada Paraquedista, onde desenvolveu sua habilidade ao volante, ele entrou para *O Globo* em 1995. Ali percebeu quanto o repórter depende do motorista: não só de sua destreza, mas de seu raciocínio, de sua visão jornalística. Tanto que ele próprio se intitula um "motorista jornalístico" e se considera também um "repórter em movimento, com uma visão de 360 graus, girando e observando o que está em volta".

Não se trata de autoelogio exagerado: embora lamente que os motoristas sejam "uma classe um pouco esquecida em relação a tudo o que faz na área jornalística", ele recebeu inúmeros elogios, especialmente de fotógrafos, por tê-los ajudado a identificar situações que resultaram em imagens de capa.

Uma delas foi certa manifestação dos motoristas de vans que parou o trânsito no centro da cidade; outra, o flagrante de uma mulher falando em dois celulares simultaneamente enquanto dirigia na Lagoa Rodrigo de Freitas. "No caso das vans, eu entrei na contramão e subi o viaduto Primeiro de Março para deixar o fotógrafo na posição certa para fazer a foto, aquele mar branco de vans e ao fundo a igreja da Candelária.

O motorista Rinaldo Gaudêncio Américo, sósia do presidente norte-americano Barack Obama, na favela Tavares Bastos; ao lado, mulher fala em dois celulares enquanto dirige, no Rio de Janeiro.

E essa da mulher na Lagoa foi incrível: eu vi pelo retrovisor e avisei o fotógrafo; ele pulou para trás do carro e fez a foto. Deu uma repercussão danada, porque saiu a placa do carro da mulher, ela falou que ia processar, que estava parada. Mentira, a foto comprova que o carro estava em movimento, ela com os dois celulares e largando o volante."

Foi essa capacidade de reparar em fatos que poderiam virar notícia que levou o fotógrafo Domingos Peixoto, um dos mais entusiasmados incentivadores dos motoristas de reportagem, a lhe dar o apelido de "Olhos de Águia" – o que, por outros motivos, combina perfeitamente com o personagem que Rinaldo assumiria após a eleição do presidente norte-americano.

Dispensado do jornal no corte em massa ocorrido em fevereiro de 2006, ele retornou à reportagem em abril de 2007, na Rádio Globo. No novo emprego, teve participação importante em uma denúncia de que os paraquedistas moradores em comunidades do Complexo do Alemão estavam sendo ameaçados por traficantes.

"Como servi na Brigada Paraquedista, eu soube que eles estavam sendo pressionados por bandidos", conta. "Até então os caras não mexiam com ninguém do Exército, mas, depois que o Exército participou da ocupação do Alemão, eles começaram a hostilizar os militares que moravam lá. E um deles veio denunciar, mas não quis mostrar a identidade, então eu fui fazendo perguntas pra ter certeza de que o cara era mesmo quem ele dizia que era. E todas as informações batiam, então a matéria foi ao ar e no dia seguinte bombou."

Ao volante do "amarelinho" – como são chamados os carros da rádio, pintados nessa cor –, Rinaldo é reconhecido nos meios populares e às vezes sua presença ajuda a distender o ambiente durante uma reportagem. No entanto, a fama não lhe trouxe melhor condição financeira. Como muitos colegas de profissão, ele não tem carro. "Continuo aqui com o meu [vale-transporte] RioCard, pegando meu onibusinho, meu metrô, meu trem... Comprar um carro é um sonho, mas ainda não deu, e eu só compro o que eu posso."

É um raciocínio de quem não se arrisca, porém não perde a fé no futuro. "A minha vida nunca foi fácil, mas eu sempre pensei positivo, sempre tentei entender que a dificuldade de agora ia me trazer alguma coisa boa no futuro." Foi assim que, desde moleque, batalhou para arrumar algum dinheiro, capinando terreno, carregando compras, ajudando no serviço de pedreiro, fazendo de tudo um pouco.

Pai aos 20 anos, juntou as economias para comprar um terreno e sair do aluguel, erguendo "com muito suor" a própria casa em Santíssimo, zona oeste do Rio. Casado, 39 anos, com uma filha de 19 e um menino de 13, Rinaldo se considera uma pessoa feliz. E certamente mais feliz ainda com a reeleição de Barack Obama, porque poderá manter seu personagem por mais quatro anos.

Eleny Borges Alves: a baixinha pede passagem em nome da notícia

O Logan todo preto com vidros escurecidos seguia furiosamente na cola da polícia pela via Dutra, às nove da manhã de um dia de semana, debaixo de temporal. Quando os policiais chegaram ao destino, espantaram-se com a figura que desceu do carro atrás deles. Era aquela baixinha que estava dirigindo daquele jeito?

Exceção em um ambiente quase exclusivamente masculino, Eleny Borges Alves, 55 anos, 1,48 metro, ri quando recorda essa história. "Se eu colo num carro da polícia, e a polícia liga aquela sirene, eu me ajeito no banco e as minhas costas começam a suar. Quando eu chego, não me pergunta por onde eu passei, que eu não lembro. E eu chego com uma sede! Meu Deus, eu quero água. Eu sinto que desidrato, por causa da tensão."

Extrovertida, sorridente, Eleny dá a impressão de que dirige como fala: com enorme vigor. Diz que sempre adorou estar ao volante. É dessas que, quando se aborrecem com alguma coisa, pegam o carro, saem por aí e conseguem desanuviar. Pode parecer estranho, mas o trânsito, em vez de ser fonte de estresse, a deixa mais calma.

Carioca, moradora do Irajá, mãe de dois filhos já adultos e separada, Eleny é motorista profissional há quinze anos. Trabalhou como secretária, depois como vendedora, até perceber que gostava mesmo era de dirigir. Quis comprar um táxi, porém, na época, o marido não deixou, porque achava muito perigoso. Então ela acabou entrando em uma cooperativa que prestava serviços ao governo do Estado. "Eu ia para a usina em Angra, depois seguia para Campos levar contrato para o prefeito assinar e voltava, tudo no mesmo dia."

Já teve de chegar disfarçadamente com um carregamento de formulários para um concurso público, porque os candidatos ameaçavam uma rebelião. "Imagina o que é você encarar 85 mil pessoas enlouquecidas porque o formulário acabou? Precisou até de reforço policial nesse dia. Eu arrumei um jeito de entregar os formulários sem que ninguém visse e depois estacionei o carro e dei a notícia: 'Calma, gente, tá tudo resolvido...'. Senão, o pessoal ia avançar em cima de mim."

Em 1997, Eleny começou a prestar serviços para a TV Globo em vários setores – compras, moda, eventos –, até que, em setembro de 2006, a empresa criou o site G1 e solicitou um motorista experiente. A competência na direção, aliada à esperteza para contornar situações difíceis, a credenciou para essa nova função. "Eu sou um pouco rato na rua. Quando vejo, eu já ultrapassei, já cheguei, não sei explicar. Dirigir é uma coisa meio automática em mim." Ela diz que gosta de desafios no trânsito e, como seus colegas, desenvolveu uma técnica para fugir das multas: "Se o sinal não multa, eu atravesso, eu colo neles. Mas, se o sinal multa, eu paro. Todos os meus amigos fazem a mesma coisa".

Não se trata só de perseguições policiais, mas do dia a dia que exige acompanhar celebridades e políticos em campanha. "Celebridade não corre. Quem corre é candidato. Nossa! Eles têm motoristas que parece que estão na Fórmula 1. A Dilma, quando ela estava em campanha, a gente passava assim, *isto* de um carro pro outro", e representa com os dedos o fino que os carros tiravam. "Às vezes esbarrava…"

Eleny tem sua teoria sobre o trabalho de reportagem no trânsito. "Eu sempre digo: 'Você não gosta de notícia? Então me deixa passar, pra você ter essa informação mais rápido e melhor'. Porque quem está de carro na rua às vezes não entende que tem de dar passagem. Então às vezes eu forço barra, mas forço *mesmo*." É como se fosse uma ambulância, uma viatura de bombeiros ou de polícia: o carro de reportagem está ali para prestar um serviço público.

Não deixa de ter razão, tendo em vista que o crachá de "imprensa" representa a autorização de acesso a uma série de locais interditados ao público em geral. Por isso, aliás, ela se queixa da guarda municipal, sempre pronta a multar; considera que deveria haver flexibilidade na proibição a estacionamentos. Também reclama que, durante eventos em geral, reservam-se vagas para autoridades e instituições, mas nunca para a imprensa.

Trabalhar em reportagem não era propriamente uma novidade quando Eleny começou no G1. Ela já havia prestado serviços para a *Folha de S.Paulo* e para *O Dia*. "Mas no *Dia* eu me recusava terminantemente a botar meu carro em reportagem de favela. Eu trabalhava mais com a parte de caderno especial, restaurantezinho, essas coisinhas. Porque era perigoso, *O Dia* é muito agressivo quando cobre operação policial. Igual ao *Extra*. A TV Globo é mais reservada, ela até proíbe você de entrar em favela, *é pro-i-bi-do*", diz, lembrando-se das regras que passaram a existir depois do assassinato do jornalista Tim Lopes na Vila Cruzeiro.

Foi justamente em uma situação dessas, quando o governo decidiu invadir o Complexo do Alemão para a instalação de uma UPP, que Eleny viveu seu momento de maior perigo. Os olhos se enchem de lágrimas quando ela recorda: "O repórter da Agência Reuters ganhou um tiro a um metro de mim. Ele caiu, estava de colete, até de capacete. O motorista dele ficou todo cortadinho, ensanguentado, por causa dos estilhaços, mas mesmo assim pegou o repórter, botou dentro do carro, no meio do tiroteio, e levou ele pro hospital. Ele não queria ir, imagina! Foi direto pra UTI, porque a pressão dele subiu. Se esse motorista não tivesse feito isso, talvez aquele repórter tivesse morrido".

Eleny enfatiza a atitude de seu colega porque ela própria tem muito cuidado com "as meninas", como chama as jovens repórteres do G1. "Não sei se é porque eu tenho filhos nessa idade, mas vem um sentimento maternal. Eu digo a elas: 'Não vou deixar vocês sozinhas'. Se eu acho o lugar meio estranho, paro o carro e vou lá dentro com elas. Se tiver que morrer, morrem as duas. Se vão chorar, vão chorar por duas. Ou então marco uma hora para telefonar, se não me ligam nessa hora eu já ligo de volta, preciso saber o que está acontecendo para ver se eu tenho que tomar alguma atitude."

É esse cuidado maternal que a leva a equipar o carro com coisas que poucos de seus colegas homens têm: desde as últimas novidades tecnológicas – GPS, TV, carregador para laptop e para celular – até uma geladeirinha de plástico com sanduíche, suco, fruta, água, tudo para garantir o bem-estar em uma situação de emergência, que tanto pode ser a cobertura de um confronto em um morro quanto uma catástrofe natural, como as que ocorreram no Estado do Rio nos últimos anos.

Eleny estava de plantão no dia 1º de janeiro de 2010. Quando chegou à redação, teve de sair imediatamente para Angra dos Reis. "Chegar até lá foi uma aventura. O barro deslizava pela pista. Eu sempre tive tanta segurança no que faço que consigo transmitir confiança para quem está comigo, então eu disse à repórter: 'Não se preocupe, que não vai acontecer nada com a gente, eu não vou deixar'. Mas no fundo pensava: 'Se rolar uma pedra, a gente vai morrer…'."

Já em Angra, era tanta coisa a fazer que a motorista colaborou tirando fotos, enquanto a repórter apurava. E sempre a acompanhava. "Eu acho que entraria em pânico se levasse um repórter a um lugar e ele simplesmente sumisse." Foi assim também em Teresópolis, durante a catástrofe que destruiu várias cidades na região serrana do Rio em 2011. "Eu não deixo ninguém sozinho, porque tenho medo. Vai que erra o caminho, não sabe voltar, acontece alguma coisa… eu tenho que estar por perto."

Quando está indo para a redação ou voltando para casa, Eleny costuma fazer fotos ou avisar sobre tudo o que possa virar notícia: um acidente, um nevoeiro, um excesso de fumaça. Mesmo durante o trabalho, no trânsito, repara em volta e alerta o repórter, que está concentrado digitando a matéria no carro. "Dependendo do que for, ele larga o laptop em cima de mim e sai correndo pra apurar."

A carga de trabalho é pesada – no mínimo, onze horas diárias: ela entra às nove da manhã e sai às oito da noite, isso quando não é necessário ficar até mais tarde, seja para acompanhar a reportagem, seja para auxiliar na infraestrutura. "Cansei de pegar computador às onze da noite e botar pra carregar, para no dia seguinte já encontrarem o material pronto." Ganha todas as horas extras, se bem que às vezes preferisse uma folga. "E, se você for à minha casa, vai ver a mesa da sala... cheia de tecido, que eu ainda costuro. Às vezes, num momento em que estou sem fazer nada, eu bordo, faço ponto-cruz, fico no computador, faço um monte de coisa."

Festeira, Eleny incentiva as confraternizações na redação. Faz questão de bolo exclusivo no dia de seu aniversário. Entre os motoristas, é muito querida e acha graça quando eles dizem que ela tem um monte de namorados. "É minha brincadeira com eles, porque a gente vive se encontrando nas coberturas. Como eu sou a única mulher, quando eu chego, digo: 'Calma, que tem pra todos'. Sou uma privilegiada. Cada dia um diferente, pra não enjoar." Faz questão de cultivar essa amizade, reunindo os colegas nos churrascos que promove em sua casa. "Ninguém entende, porque sou eu e um bando de homem. Mas que é que eu vou fazer? No meu trabalho só tem homem, eu praticamente só conheço homem."

Embora tenha enfrentado a cobertura de muitas tragédias – e a lembrança da chacina na escola de Realengo[20] a faça ficar

---

20 Em 7 de abril de 2011, um ex-aluno da Escola Municipal Tasso da Silveira, em Realengo, zona oeste do Rio, entrou no prédio a pretexto de dar uma palestra e, de sala em sala, foi atirando a esmo, até ser perseguido pela polícia. Segundo a versão oficial, o assassino se suicidou. Doze crianças morreram e onze ficaram feridas.

novamente com os olhos cheios de lágrimas –, ela diz que gosta mesmo é de reportagem sobre temas alegres: "Carnaval, parada gay eu acho ótimo! Eu adoro essas coisas".

Eleny veio para a entrevista com uma sandália de salto dez. Às vezes, usa plataforma. "Eu já sou nanica, tenho de fazer alguma coisa, né?" Diz que dirige com qualquer tipo de sapato, só danifica o salto. "Cada salto é diferente nos pedais, mas eu estou acostumada. É só saber que sapato estou usando e ir em frente."

Luiz Costa: um ícone do velho *JB*

Na fotografia, estão todos felizes, amontoados para caber no enquadramento da máquina. Riem, erguem copos de cerveja, se abraçam. Alguns parecem jovens universitários, outros têm cara de povo, camisa aberta escancarando o peito cabeludo. São jornalistas e motoristas do antigo *Jornal do Brasil*, reunidos no Bar Tomé, na rua Bela, em São Cristóvão, zona norte do Rio, próximo à sede da empresa. Naquela noite, comemoravam a despedida do motorista Luiz Costa, o legendário "seu Luiz", que todos da velha guarda do *JB* citam com entusiasmo e saudade.

Ele está no centro do grupo, em pé, de camisa listrada, cabeça inclinada, sorrindo para uma repórter. A foto, de 7 de abril de 1979, abre o "Álbum Jotabeniano", um blog criado em junho de 2010 por jornalistas que trabalharam na casa entre as décadas de 1960 e 1990 e se empenham em recuperar a memória daqueles tempos, garimpando fotos antigas feitas na redação ou na rua.

Sérgio Fleury e Romildo Guerrante, dois dos criadores do blog, incentivaram antigos companheiros a recordar. Juntando depoimentos por e-mail com partes de entrevistas feitas pessoalmente, foi possível desenhar, ainda que breve e palidamente, o perfil desse motorista que marcou época no jornal.

Ana Arruda Callado, então em início de carreira – tinha 21 anos e era uma das três únicas mulheres jornalistas no *JB* –, recorda que os motoristas eram sempre carinhosos com ela, protetores, paternais. De seu Luiz, tem uma lembrança especial: "Ele uma vez me salvou. Foi na chegada de [Yuri] Gagarin no Galeão. Havia uma manifestação de boas-vindas ao primeiro cosmonauta no aeroporto, e a Aeronáutica decidiu dissolvê-la. Na violência. Veio aquele arrastão de soldados, armas na mão, e eu, metida, quis ficar bem perto. Seu Luiz me agarrou pela cintura – eu era bem magrela – e me atirou dentro do jipe. Foi por um triz".

"Com aquele corpanzil todo, ele era capaz de barrar um batalhão", comenta Romildo Guerrante, repórter que posteriormente ocuparia a chefia. "Supostamente um mal-humorado – rangia os dentes quando algo não lhe agradava –, era na verdade uma criança de coração mole quando deixava a gente

A despedida de Luiz Costa (de camisa listrada, no centro), em 1979: memória da confraternização entre jornalistas e motoristas do *Jornal do Brasil*.

chegar perto da alma dele. E nos ajudava muito nas matérias, mostrava coisas que não víamos, sugeria pautas."

A destreza ao volante proporcionou elogios até em inglês. Atual editor-executivo do *Globo*, Orivaldo Perin, que começou a carreira no *JB*, recorda uma história que ficou famosa: "O Luiz levava a equipe do *JB* para acompanhar a chegada de um governante estrangeiro que desembarcou no velho aeroporto do Galeão e ia para algum hotel. As comitivas de estrangeiros andavam a mil por hora, tinham carros bem mais potentes do que a Rural do *JB*. Pois o Luiz conseguiu acompanhar a comitiva e chegou junto com ela no hotel. E aí foi elogiado pelo chefe da segurança: 'You are the best driver I've ever seen in my life' [Você é o melhor motorista que eu já vi em minha vida]… Ele não entendeu nada, mas depois traduziram e ele ficou feliz da vida, aquilo era como se fosse um troféu, ele falava isso sempre pra nós".

Perin diz que seu Luiz era esperto no trânsito, conhecia os atalhos. Longe do tempo do celular e da internet, a equipe precisava chegar rápido ao local da reportagem e também retornar a tempo para escrever e revelar as fotos. "Então, numa cobertura no meio da tarde, você ganhar meia hora naquele horário do rush era fundamental."

Ele se diverte ao lembrar certos desvios de rota. "O Luiz tinha lá a família dele, mas tinha também uma namorada. Ele falava 'a pequena': 'Tenho de passar na casa da pequena, me dá uma colher de chá'. Quando dava tempo, a gente ia. De vez em quando a 'pequena' fazia uns salgadinhos pra ele, e ele trazia pra gente…"

Seu Luiz já estava aposentado, morando em Paraty, quando Romildo esteve lá para cobrir o fechamento do centro histórico, que vivia invadido por playboys de São Paulo a promover rachas nas ruas estreitas e calçadas com pés de moleque. "Pouco antes de chegar ao local onde tinham sido instalados dois frades com uma corrente pesada, que estão lá até hoje, o trânsito começou a se arrastar. Da janela da Rural, vi seu Luiz na porta de casa. E ele também me viu, me fez descer pra tomar um chope com seus amigos no churrasco que rolava e quase me fez perder a solenidade de fechamento do centro de Paraty ao trânsito de automóveis. Consegui me desvencilhar dele a muito custo, prometi que voltaria depois, mas não deu: os telefones eram tão ruins que eu não pude passar a matéria. Tive de voltar correndo ao Rio para escrever a história."

Foi a última vez que Romildo esteve com seu Luiz. "Quando soube dele novamente, tempos depois, foi o anúncio da sua morte."

Conclusão

Da garagem para a sala

Seu Dodô trabalhava de madrugada, dirigindo a Rural Willys do *Globo*, nos anos 1960. Um dia, teve de fazer um serviço sem acompanhante. Quando chegou à zona sul, começaram a chover telefonemas para a redação avisando que tinha um carro do jornal andando sozinho. É que ninguém percebia o motorista: muito negro e muito baixinho, seu Dodô simplesmente desaparecia no interior do veículo.

A história é verdadeira, mas é também uma perfeita metáfora da invisibilidade de um profissional tão importante para o trabalho de reportagem.

Este livro pretendeu mostrar a relevância de tal personagem como membro de uma equipe, tanto no desempenho de sua tarefa mais elementar – a condução do carro – quanto nas muitas outras formas de colaboração. No entanto, mesmo os relatos sobre o que seria essa tarefa dão conta da particularidade do motorista de reportagem: não basta saber dirigir. É preciso conhecer muito bem a cidade, seus atalhos, suas zonas de perigo. É preciso saber posicionar o carro de modo a não haver obstáculos no caso de necessidade de uma saída rápida, seja para escapar do risco, seja pela pressa em chegar a determinado local. É preciso ter muita perícia para andar na cola da polícia ou de comitivas de políticos e extrair o máximo de veículos de baixa potência sem provocar acidentes.

Não por acaso a palavra "adrenalina" foi recorrente nos depoimentos. Revela ao mesmo tempo a percepção do sentido de urgência do jornalismo e o gosto por estar participando do desenrolar dos acontecimentos, o prazer de deparar a cada dia com fatos novos, a sensação de ser testemunha da história e ter o que contar a filhos e netos.

O enaltecimento do trabalho compartilhado entre equipes de diferentes jornais – o famoso *pool*, normalmente recriminado pelas chefias de redação – tem explicação. Não que não haja competição – aliás, o cotidiano dessa atividade de rua indica uma permanente combinação de parceria e concorrência –, porém em certos casos, como em determinadas reportagens de polícia ou nas horas mortas da madrugada, a solidariedade não é só um valor ético, mas também, muitas vezes, questão de sobrevivência.

O mesmo ocorre com o monitoramento da frequência de rádio usada por traficantes. Uma vez que o espectro eletromagnético é público, ouvir essa conversa não significa invasão de privacidade – como ocorreria em escutas telefônicas não autorizadas judicialmente –, e esse monitoramento pode representar a diferença entre estar vivo ou morto, quando, por exemplo, se captura a informação de que um traficante determinou mandar bala na imprensa.

O livro também pôde apontar, no caso do Rio de Janeiro, duas alterações importantes comuns à estrutura das grandes empresas jornalísticas do país: a terceirização do quadro de motoristas e a progressiva redução de saídas dos repórteres, dado o crescente avanço na utilização das ferramentas proporcionadas pela internet para a apuração de informações. Ao contrário do que se poderia pensar, a terceirização não implica necessariamente uma quebra no sentido de equipe que os motoristas costumam desenvolver, mas, pelo menos no caso do *Globo* – onde esses profissionais estão subordinados a uma locadora e não têm carro próprio –, resulta em uma defasagem salarial que provoca o previsível descontentamento de quem realiza o mesmo trabalho e corre os mesmos riscos que os colegas contratados pela empresa.

As transformações no modo de produzir jornalismo compõem um quadro de incertezas sobre o futuro dessa atividade, mas já indicam o esvaziamento da concepção de que "lugar de repórter é na rua". Quando era assim, sem dúvida o motorista era uma peça-chave: sem um bom motorista, não haveria reportagem. Porém, no dizer do editor-executivo do *Globo*, Orivaldo Perin, "a internet é o motorista de hoje". A conclusão óbvia é que essa profissão outrora tão relevante está mesmo em vias de extinção.

Se for assim, este livro há de ter colaborado para ampliar a compreensão da maneira pela qual o jornalismo anterior aos tempos da internet era realizado – o que inclui as formas de convívio fora da redação – e das consequências que as mudanças atuais podem trazer, pois, como deve ter ficado claro, o trabalho jornalístico não se restringia à competência ou à argúcia de repórteres e fotógrafos. As queixas dos motoristas quanto ao não reconhecimento de seu papel são suficientemente eloquentes para demonstrar que faltava alguém nessa história.

Retoma-se aqui, para encerrar, o trecho final do depoimento de dona Risoleta em *Memória e sociedade*, de Ecléa Bosi, para um breve paralelo com a situação de quem sempre ficou à margem. Tão negra e miúda como o motorista Dodô, filha de escravos, ela conta que passou a vida na cozinha na companhia de uma imagem de São Benedito. Já velha e cega, sem condições de trabalhar, deixou o fogão, e o santo também foi embora dali. "O que todo mundo fazia queimava, os pratos caíam. Diziam: 'São Benedito não quer ficar na cozinha, porque ela saiu'." Dona Risoleta conclui: "Ele está na sala agora".[21]

---

21 Bosi, Ecléa, op. cit., p. 327.

Bibliografia

ABRAMO, Cláudio. *A regra do jogo: o jornalista e a ética do marceneiro*. São Paulo: Companhia das Letras, 1988.

ALBERTI, Verena. *Manual de história oral*. 3. ed. Rio de Janeiro: FGV, 2005.

BOSI, Ecléa. *Memória e sociedade: lembranças de velhos*. São Paulo: T. A. Queiroz, 1983.

MAYRINK, José Maria. *Vida de repórter*. São Paulo: Geração Editorial, 2002.

MORETZSOHN, Sylvia. "O repórter infiltrado: algumas questões éticas e epistemológicas para a prática do jornalismo". *Anais do XXXI Intercom*. Natal: UFRN, 2008.

_____. "O jornalismo na medida do possível". *Observatório da Imprensa*, n. 489, 10/6/2008. Disponível em: http://www.observatoriodaimprensa.com.br/news/view/o-jornalismo-na-medida-do-possivel. Acesso em: 1º/8/2011.

PEREIRA, Fábio Henrique. *O jornalista on-line: um novo status profissional? Uma análise sobre a produção da notícia na internet a partir da aplicação do conceito de "jornalista sentado"*. Brasília: UnB, 2003. Disponível em: http://www.bocc.ubi.pt/pag/pereira-fabio-jornalista-on-line-novo-status.pdf. Acesso em: 1º/8/2011.

RIBEIRO, Ana Paula. *Imprensa e história no Rio de Janeiro dos anos 50*. Rio de Janeiro: E-papers, 2006.

Agradecimentos

Não tenho dúvida de que todo trabalho é coletivo, mas sempre é necessário destacar a colaboração de pessoas sem as quais nosso melhor esforço individual ficaria aquém do esperado.

A pesquisa que resultou neste livro não teria o alcance pretendido sem a contribuição de colegas do Departamento de Comunicação Social da Universidade Federal Fluminense (UFF) e de antigos companheiros de redação, que indicaram uma série de contatos. Assim, além de todos os que participaram deste trabalho com seus depoimentos, agradeço especialmente a Larissa Morais, João Batista de Abreu, Ildo Nascimento, Roberto Falcão, Ana Baumworcel, Eduardo Compan, Romildo Guerrante, Sérgio Fleury, Custódio Coimbra, Domingos Peixoto, Solange Duart, Gustavo Goulart, Natanael Damasceno, Mariana Costa, Aguinaldo Ramos e Diogo de Hollanda. Sou grata também a Carlos Fino, pelo contato com uma preciosa fonte em Brasília, a Paulo Roberto Araújo, que lembrou a incrível história de seu Dodô, e ao documentarista Guillermo Planel, diretor, com Renato de Paula, de *Abaixando a máquina: ética e dor no fotojornalismo carioca*, por ceder as imagens das entrevistas com os motoristas que participam brevemente do filme e que aproveitei na elaboração dos depoimentos.

O apoio do Instituto de Arte e Comunicação Social da UFF viabilizou boa parte das gravações em vídeo, ao emprestar o equipamento, e a professora Denise Tavares deu o indispensável suporte na orientação deste trabalho, que contou com a participação dos estudantes Luana Bustamante e Felipe Pontes – este, além do mais, dirigiu seu bravo fusquinha até Nova Iguaçu, para uma das entrevistas. Meu amigo José Limeira também ajudou muito, acompanhando-me na filmagem de um dos depoimentos.

Finalmente, agradeço à equipe do Folha Memória, ao jornalista Hélio Schwartsman, pelo acompanhamento cuidadoso ao longo de todo o processo, e à banca avaliadora, em particular a Carlos Eduardo Lins da Silva, com quem comecei a dialogar ainda em seus tempos de ombudsman da *Folha de S.Paulo* e que vem contribuindo enormemente para aguçar minha capacidade crítica sobre o jornalismo.

Não poderia encerrar sem sublinhar as circunstâncias particularíssimas em que recebi a notícia da seleção de meu projeto, em fins de fevereiro de 2011. Duas semanas antes, minha mãe havia falecido. Eu vivia o pior momento de minha vida e cheguei a considerar a hipótese de desistir, dada minha condição emocional. Refleti melhor e concluí que realizar um bom trabalho seria uma forma de homenageá-la.

Sobre a autora

Sylvia Debossan Moretzsohn nasceu no Rio de Janeiro em 1959. Formou-se em jornalismo pela Universidade Federal do Rio de Janeiro (UFRJ) e, durante a década de 1980, trabalhou como repórter no *Jornal do Brasil*, *O Globo* e na sucursal carioca de *O Estado de S. Paulo*. Mestre em Comunicação Social e doutora em Serviço Social, é professora do Departamento de Comunicação Social da Universidade Federal Fluminense (UFF) desde 1993. É colaboradora do Observatório da Imprensa e autora de *Jornalismo em "tempo real": o fetiche da velocidade* (2000) e *Pensando contra os fatos – jornalismo e cotidiano: do senso comum ao senso crítico* (2007), ambos pela editora Revan.

Este livro foi composto na fonte Albertina
e impresso em janeiro de 2013 pela Cromosete,
sobre papel pólen bold 90 g/m².